I0469972

La ilusión óptica presentada en la portada representa la creencia de los antiguos griegos llamada *prosopon*, que significa "un rostro frente a otro." Las tensiones resultantes entre los rostros opuestos apuntan a una tercera realidad u otredad radical, llamada por los griegos Geist, pneuma o espíritu de la verdad. En nuestra portada, esta "tercer realidad" es representa por la ilusión de una copa.

# LA ERA DE LA REALIDAD VIRTUAL

Por

THOMAS HOHSTADT

Traducción de
Rodrigo Villarreal Jiménez

Primera Edición en español, 2018

Damah Media 3522 Maple Avenue

Odessa, TX 79762

Diseño de portada y traducción:

Rodrigo Villarreal Jiménez

ISBN 978-0-9672944-6-9

© 2011 Thomas Hohstadt

# CONTENIDO

I. INTRODUCCIÓN ... 1

II. ¿QUÉ ES LA REALIDAD VIRTUAL? ... 13

DEFINICIÓN ... 19

III. LA RV ES INTUITIVA ... 20

IV. LA RV ES NO LITERAL ... 22

V. LA RV ES YUXTAPOSICIÓN ... 25

UN DIÁLOGO DE REALIDAD VIRTUAL ... 32

VI. LA RV ES INMERSIVA ... 35

VII. LA RV ES INTERACTIVA ... 38

VIII. LA RV ES SENTIDO EXPERIMENTADO ... 50

UN DIÁLOGO DE REALIDAD VIRTUAL ... 58

REALIDAD VIRTUAL EN EL SIGLO 21 ... 61

IX. EL ROL DE LAS EMOCIONES, SENTIMIENTOS y SENTIDOS ... 62

UN DIÁLOGO DE REALIDAD VIRTUAL ... 75

X.LA REALIDAD VIRTUAL COMO MEDIO ARTÍSTICO ... 78

UN DIÁLOGO DE REALIDAD VIRTUAL ... 86

XI. ¿"REALIDAD" O "ILUSIÓN"? ... 89

UN DIÁLOGO DE REALIDAD VIRTUAL ... 105

XII. ÉTICA y SALUD MENTAL ... 108

UN DIÁLOGO DE REALIDAD VIRTUAL ... 130

CONCLUSIÓN ... 133

XIII. ATURDIDO HASTA LA INCREDULIDAD ... 134

UN DIÁLOGO DE REALIDAD VIRTUAL ... 142

BIBLIOGRAFÍA ... 144

ACERCA DEL AUTOR ... 151

# LA ERA DE LA REALIDAD VIRTUAL

## I. INTRODUCCIÓN

Esta es la era de la Realidad Virtual.

Los escritores están presenciando "algo enorme . . . corriendo debajo del radar."[1] Ray Kurzwell, el respetado autor, inventor, y futurista, afirma que este momento en la historia terminará con 6000 años de "civilización" como la conocemos.[2] Otros destacados escritores concuerdan: **algo grande está sucediendo** con la Realidad Virtual.

Este "algo" se está deslizando de repente – exponencialmente.

La historia ha aumentado rápidamente su ritmo. Todo está pasando en un expandido *ahora*. Kurzweil afirma que el progreso tecnológico en este siglo será 1 000 veces mayor que en el siglo pasado. El tiempo, en otras palabras, se ha vuelto "exponencial". Kurzweil lo explica de esta manera: "Con 30

---

[1] Hayes, Tom – Jump Point: How Network Culture is Revolutionizing Business (McGraw-Hill, 2008) p. 218.
[2] Ray Kurzweil, "Accelerated Living," *PC Magazine*, Vol. 20, No. 15, septiembre 4, 2001, pp. 151-153.

pasos lineales, llegas a 30, con 30 pasos exponenciales, llegas a un billón".

No es solo el ritmo el que nos quita el aliento. Los cambios, dentro de esta aceleración, incluso impactan nuestro sentido de normalidad, porque la Realidad Virtual -como una realidad sustituta, plena y frente a ti - está derrocando la forma en que pensamos. Está alterando nuestra conciencia de la realidad misma.[3] Mañana veremos, de repente, que **todo ha cambiado.**

Lo que vemos hoy es solo el comienzo.

Desde ya, este fenómeno reclama una presencia completa, en todo lugar, que impulsa la economía global. "La Realidad Virtual (RV) en forma de entretenimiento —no los autos, el acero, ni los servicios financieros- se está "convirtiendo en la rueda de la nueva economía mundial".[4]

Los profesionales en todos los campos consideran que la RV es una necesidad: los cirujanos ensayan sus operaciones en "pacientes virtuales", los arquitectos "recorren" sus edificios antes de que se conviertan en estructuras reales, y "artistas gráficos, diseñadores, físicos virtuales, psicólogos cognitivos,

[3] Michael Heim, *Virtual Realism* (New York: Oxford University Press, 1998) p. 140.
[4] Michael J. Wolf, citado en Phil Cooke, *Branding Faith* (Scottsdale, Arizona: Regal Publications, 2008) p. 25.

# I.Introducción

psicólogos del desarrollo, sociólogos, antropólogos, especialistas en ética y otros académicos interdisciplinarios cuelgan sus esperanzas en RV". [5]

De repente, todos compartimos una nueva filosofía: "Mantenerse conectado es bueno; no estar conectado es malo ". Las redes sociales, los teléfonos celulares y los mensajes de texto ilimitados son algo generalizado. De hecho, el tráfico de datos móviles a nivel mundial se compone de una tasa de crecimiento anual del 92 por ciento.[6]

La civilización se inclina precipitadamente hacia un mundo virtual. Podríamos llamarlo una "migración" o incluso un "éxodo". "Las personas pasan más tiempo en los medios, y especialmente en los medios de comunicación, que en cualquier otra actividad de su vida (énfasis agregado)". [7]

"Hay suficientes consumidores de videojuegos que llenan auditorios, incluso estadios, para escuchar versiones orquestales de bandas sonoras de los mismos. Videogames live! es uno de ellos: se llama a sí mismo 'evento inmersivo',

---

[5] Mychilo S. Cline, *Power, Madness, and Immortality: The Future of Virtual Reality* (S. I.: University Village Press, 2005) p. 177.
[6] Kurzweil, http://tinyurl.com/4asco5l
[7] Bill Moult de Sequent Partners citado en Higgins, Adrian, "We can't see the forest for the T-Mobiles" *Washington Post*, martes, diciembre 15, 2009; C01.

porque la combinación de música en vivo, video juegos y pirotecnia consume todos tus sentidos y tu atención total."[8]

¡Así que RV está aquí, y en todas partes! Incluso el término "virtual" se ha vuelto sorprendentemente común. Tenemos "universidades virtuales, oficinas virtuales, mascotas virtuales, actores virtuales, museos virtuales, médicos virtuales: todo por la realidad virtual".[9]

¿Qué está impulsando este fenómeno? La respuesta: dinero serio y armas serias. Tanto las grandes empresas como los militares de los EE. UU. han impulsado la mayor parte de la investigación y la innovación relacionadas con la realidad virtual. Internet, por ejemplo, nació gracias a la seguridad nacional.

Pero los beneficios y la seguridad son solo parte de este evento histórico.

Los jóvenes de hoy también lo impulsan: revelan una afinidad innata con los futuros alterados, su cultura pop emana pasión por algo "allá afuera", sus vidas fluidas y eclécticas se mueven fácilmente en un universo dinámico y espontáneo. Les encanta romper fronteras y superar restricciones. Independientemente

---

[8] Tom Hayes, citado en http://www.davidmays.org/BN/HayJump.html

[9] John Vince, *Introduction to Virtual Reality*, reseña de producto en: http://tinyurl.com/3p55jra

# I.Introducción

de las divisiones políticas, geográficas y étnicas, los jóvenes de hoy se deleitan con un mundo donde "todo vale". La RV, después de todo, "expande el proceso de creación (y) abre el futuro".[10]

Estos futuristas, alertas, dan la bienvenida a llegar más rápido y más lejos para todos y todo. Celebran su triunfo sobre las tiranías del tiempo y el espacio. Acogen las conversaciones colectivas de una nueva coexistencia: las colaboraciones creativas de un nuevo consenso. De hecho, su mundo se asemeja a un "cerebro humano global" en el que el disparo simultáneo de millones de "sinapsis" crea nuevos patrones de "pensamiento emergente". Su universo se ha convertido en una World Wide Web en la que la autoorganización fisiológica crea conexiones interminables.

Los jóvenes son cada vez menos pacientes a la obediencia pasiva de la televisión. Ellos prefieren **participar**. Quieren estar en el lado de "hacer" y "compartir" de los medios modernos. Como resultado, la televisión se encuentra a solo unos minutos de convertirse en una experiencia participativa. Los magnates de la televisión no tienen más remedio que seguir su ejemplo o quedar obsoletos.

[10] Pierre Lévy, citado en Marie-Laure Ryan, *Narrative as Virtual Reality: Immersion and Interactivity in Literature and Electronic Media* (Baltimore: The Johns Hopkins University Press, 2003) pp. 35-37.

# I.Introducción

Entre esta nueva generación encontramos a los ciber ñoños y artistas tecnológicos de hoy en día, los profetas de la realidad virtual. Tienen un pie en el mundo real, el otro, en uno de fantasía.[11] La nueva generación empuña el poder de los gráficos y juegos. Ellos gobiernan el mundo en el que todos viviremos algún día, y hemos coronado a estas "deidades digitales" con una legitimidad desinhibida.

Otros eventos explotan el hecho de este suceder de la realidad virtual. La civilización occidental, por ejemplo, ha vuelto a una cultura oral. En las culturas orales, la verdad y la información se mueven a través de historias, canciones, rituales y danzas. Sus participantes conocen la imaginación, el sentimiento y el poder que fluyen de las imágenes no literales y la llamada a participar.

"Dos tercios de la población mundial, ya sea por necesidad o por elección, son comunicadores orales, y se encuentran en todos los grupos culturales".[12] En otras palabras, la comunicación es cada vez más no literal e interactiva. En este libro, veremos que esta descripción se convierte en parte de la definición misma de realidad virtual.

[11] Booklist reseña de Ethan Gilsdorf, Fantasy Freaks and Gaming Geeks: An Epic Quest for Reality Among Role Players, Online
[12] "Orality," Search.Com referencia, http://tinyurl.com/44puz58

# I.Introducción

Al igual que las comunidades orales, especialmente las de la antigüedad, no es sorprendente que nuestros jóvenes con conocimientos digitales elijan el fascinante misterio de un mundo de fantasía, sobre su mediocre y mundana "realidad". Para muchos, la realidad virtual "hace que el mundo real parezca un pobre sustituto de los reinos de la imaginación".[13]

Sorprendentemente, los eruditos y artistas tradicionales los estimulan. Los intelectuales convencionales han redescubierto una "metáfora" que va más allá de la mera figura del discurso. En un lenguaje **idéntico a la realidad virtual**, esta metáfora resulta ser la piedra angular de todas las artes[14], la única esperanza para el pensamiento abstracto[15], y "el poder más fértil que posee el hombre".[16]

Seguramente ya entendemos que estamos viviendo un estilo de vida de serias fantasías. Es un "salto intuitivo sobre la cadena lógica tradicional, paso a paso".[17] Nuestra mente especulativa opera más allá de las limitaciones convencionales.

---

[13] Pagan Kennedy reseña a Gilsdorf, http://tinyurl.com/3zr4nyz

[14] Carl   Hausman, Metaphor and art: Interactionism and Reference in the Verbal and Nonverbal Arts (New York: Cambridge University Press, 1989) pp. 5, 111, 198.

[15] Lakoff and Johnson, Philosophy in the Flesh: The Embodied Mind and Its Challenge to Western Thought (New York, NY: Basic Books, 1999) pp. 58, 59.

[16] José Ortega y Gasset, *GoodReads,* http://tinyurl.com/4xjuuoj

[17] Heim, p. 96.

# I.Introducción

La RV nos acerca a un tipo de pensamiento reflexivo que fluye de imágenes no literales y del llamado a participar.

A través de la RV, contemplamos lo desconocido más que lo conocido, el temor más que lo ordinario, el misterio más que lo mundano. Vemos el instinto más que el intelecto, el contenido más que la forma, el mensaje más que el medio. Sentimos el éxtasis más que la disciplina, lo irresistible más que el control, el arte más que la técnica. En otras palabras, la RV marca un cambio importante de la opinión informada a la intuición inspirada y de lo literario a lo visual.

Parece que las personas ya no viven las doctrinas: viven Realidad Virtual. Ya no encuentran la renovación en la retórica didáctica e instruccional de la ética occidental, la encuentran en realidad virtual. Es muy tarde para vincularlos a la última respuesta "oficial". Considere, por ejemplo, cómo critican a sus críticos, comentan sobre sus comentaristas, crean programas sobre programas, leen comentarios de noticias sobre noticias, siguen guías de TV sobre TV. Ellos vinculan, unen, y su "evidencia" se convierte en simulación de una simulación.

Esto trae consigo, por supuesto, la difuminación de los límites entre la "lo real" y la "realidad virtual". Se crea un bucle difuso de retroalimentación entre lo real y lo imaginado. En este refugio de fantasía, sentimos una tensión creciente entre realidad y ficción, tecnología y arte, espacio real y ciberespacio, tiempo real y "tiempo real". Es un diálogo tautológico que puede confundir o desorientar fácilmente a los participantes de la realidad virtual a medida que se inclina y distorsiona nuestro sentido de lo real.

Dado que la RV se integra a las tecnologías sensoriales de hoy en día, vivimos la dualidad de la ciencia y el sentido: la fusión de hechos y sentimientos. De hecho, ¡nos estamos convirtiendo en ciborgs! mezclando cib(ernética) con org(anismo). Con qué frecuencia colisionamos con peatones que usan un iPod en una oreja y un teléfono celular en la otra.

Aún más sorprendentemente, la realidad virtual ya no es tan virtual. Las empresas están pagando dinero por bienes raíces virtuales y están ganando dinero con el comercio virtual. Los surfistas y los jugadores pasan tiempo real -docenas de horas cada semana- en entornos virtuales. Las parejas están encontrando amor verdadero sin haberse encontrado nunca. y nuestros soldados juegan videojuegos con resultados reales, vuelan aviones reales (drones) en el otro lado de la Tierra y matan personas reales.

No podemos llamar a esto "virtual", nunca más.

La comunicación, incluido el lenguaje cotidiano, confirma estos hechos. El lenguaje siempre ha sido compartir símbolos y significados, y la *lingua franca* actual no es diferente. La comunicación en todo el mundo refleja cada vez más el lenguaje de RV. Su sede se ha convertido en el "territorio de elección" sobre el cual, la gente colabora.[18]

Esto no debería sorprendernos. El lenguaje siempre ha cambiado y está cambiando rápidamente en este siglo. A través de las edades nuestra forma de pensar ha reflejado fielmente las herramientas con las que pensamos. La escritura, por ejemplo, ha reestructurado las "realidades" de civilizaciones enteras. Es por eso que las personas difieren entre culturas. "Durante 500 años, occidente ha sido una cultura de comunicación de 'cerebro izquierdo', basada en la impresión. Pero ahora la tecnología está cambiando rápidamente esta 'cultura de impresión'. Cuando el medio cambia, el mensaje también cambia ". [19]

La realidad virtual se está convirtiendo en el "sistema dominante de comunicación de nuestra cultura"[20], estamos hablando de algo más que "comunicación". Tanto en línea como fuera de línea, la realidad virtual está marcando el comienzo del mundo en el que viviremos. Por el momento, es un "mundo alternativo". Sin embargo, para aquellos que pasan la mayor parte de su vida en realidad virtual, se ha convertido en un "hábitat", y para el resto de nosotros, no es exagerado sugerir, que somos migración gradual al espacio virtual, ya sea que estemos listos o no.

---

[18] Chip Heath y Dan Heath, *Made to Stick: Why Some Ideas Survive and Others Die* (New York: Random House, 2007) p. 122.
[19] Hipps, Shane, *Flickering Pixels: How Technology Shapes Your Faith* (Grand Rapids, MI: Zondervan, 2009) pp. 42-44.
[20] Hipps, p. 17.

# I.Introducción

¡No estamos listos para este viaje! No tenemos las habilidades ni la precaución de "llamar a esas cosas que no son como si fuesen".[21] La RV, después de todo, no es una zona segura. Cada avance en la tecnología toma y da. Además, siempre habrá gurús de RV que son impulsados por la codicia, aquellos que buscan el poder y el control sobre los demás. Por lo tanto, es importante prepararse explorando los parámetros proteicos de la realidad virtual, que es lo que este libro se propone hacer.

Un libro sobre realidad virtual desafía a cualquier autor. En primer lugar, esta era ya ha demostrado ser un momento inestable. El nuestro es un mundo postmoderno donde la certeza se ha roto. En otras palabras, enfrentamos la crisis ontológica de tratar de establecer la realidad: "¿Cómo sabemos que sabemos?" El significado se ha vuelto fluido, cambiante. Todo es "subjetivo".

En segundo lugar, la RV se ha convertido en "uno de los fenómenos más extraños del siglo veintiuno".[22] Por ejemplo, es "la primera tecnología intelectual que permite el uso activo del cuerpo en la búsqueda de conocimiento".[23] Como resultado, nos tambaleamos bajo un tema que parece extraño, exótico e incluso ajeno a los pensadores tradicionales.

[21] Romanos 4:17, version del *The Nuevo Testamento* del rey Jacobo.
[22] Tim Guest, *Second Lives: A Journey Through Virtual Worlds* (NewYork: Random House, 2008) Product description: http://tinyurl.com/6m559v
[23] Heim, pp. vii, viii.

# I.Introducción

Este libro, sin embargo, promete una nueva veracidad, una nueva autenticidad y una nueva credibilidad para la experiencia virtual. En otras palabras, los lectores aprenderán a probar, discernir y fundamentar la "evidencia" de su experiencia, y aprenderán a utilizar esta experiencia de forma creativa en un mundo que exige su participación.

# II. ¿QUÉ ES LA REALIDAD VIRTUAL?

Entonces, ¿qué es la realidad virtual? Si consideramos qué tanto ha penetrado nuestras vidas, resulta sorprendente que tan poca gente tenga alguna idea. En general, albergamos una idea vaga de que es algo "casi real, pero no real." Por supuesto, los videojuegos usualmente son la referencia obvia.

La "gente influyente", conoce a la RV como un ambiente simulado que estimula los sentidos del participante y provee la sensación de estar en un lugar y tiempo distintos. Estos gurús digitales perciben el renacer del mundo - por ahora - de forma artificial.

Los más visionarios entre ellos alojan otras ideas: " la RV es un mundo inmaterial de percepción pura y de significado en y por sí misma." Es un sistema intuitivo dominado por fuerzas invisibles que han sido transformadas en sensuales. Es el significado que nos llama "a un mejor mundo futuro."[1]

La definición "verdadera", enlaza a la RV con la tecnología - con una buena razón. La realidad virtual moderna comenzó con hardware especializado – gafas, guantes y un equipo de cómputo - y software especial que realizaba una representación tridimensional gráfica. Era "interactivo" e

---

[1] Philip Zhai, *Get Real: A Philosophical Adventure in Virtual Reality* (Lanham, MD: Rowman & Littlefield Publishers, 1998) pp. 125, 126, y contraportada.

"inmersivo." El sistema realizaba una actividad y el usuario también: existía la posibilidad de alterar activamente (dentro de límites) el mundo simulado controlado por la computadora.

El resto de la historia es bien conocida. Una cultura mundial de los juegos nos absorbe actualmente - en esta ocasión sin hacer uso de gafas o guantes.

Nos asombran las habilidades de aquellos que diseñan y animan los videojuegos. Nos impresiona el continuo incremento de la velocidad la memoria, los avances más actuales del software, la robótica y la inundación de la información. Agradecemos el aparente sin fin de aplicaciones que benefician a todos los campos laborales. Nos fascinan los experimentos artísticos: novelas de hipertexto, instalaciones digitales de arte visual, "dramas" de juegos de roles, poesía electrónica y películas interactivas.

Sin embargo, la realidad virtual es más que una aplicación de computo. Se concede que la RV requiere de un sistema intuitivo no literal que represente algo que no se encuentra allí, algo más allá de sí mismo, algo oculto. Requiere una interactividad inmersiva que sostenga la tensión entre lo "conocido" y lo "desconocido." Requiere de un sentido experimentado en primera persona derivado de las fuerzas sensuales escondidas.

¡Estas definiciones son todas predigitales! Por siglos, el arte ha requerido las mismas definiciones. En otras palabras, **la**

## II. ¿Qué es la Realidad Virtual?

**realidad virtual no requiere una computadora.** Como afirmó Samuel Taylor Coleridge hace casi 200 años, el placer proveniente del arte depende de "la suspensión voluntaria de la incredulidad"[2] por parte del público. Esta suspensión, la "compra" de la tensión entre lo conocido y lo desconocido, nos permite disfrutar de todas las obras desde *la divina comedia* hasta *Star Wars*.

"Nuestros órganos sensoriales biológicos no son más transmisores de señales y transductores que las gafas y los trajes que se utilizan en la experiencia inmersiva de la realidad virtual."[3] Después de todo, las buenas historias y las grandes películas no son menos vívidas para nuestros sentidos que los "simuladores de vuelo."

Aun así, la RV - en su forma digital - enfoca la atención de forma aumentada en la belleza y el poder de las artes. La RV digital sin duda se transformará en la forma artística principal del nuevo siglo.

Si logra superar un problema mayúsculo ...

Hasta ahora, la RV digital permanece como un "sistema cerrado". Atorada en un mundo "pre planeado" y limitado.

---

[2] Neil Greenberg, Art and Organism: A Biological Perspective on Art and Aesthetics http://tinyurl.com/69ekj8z
[3] Zhai, xiv.

## II. ¿Qué es la Realidad Virtual?

Considere los videojuegos como ejemplo. Los diseñadores de estas plataformas crean el juego mediante su definición. Los jugadores deben entonces seguir las reglas predeterminadas y - si ganan - es sólo porque el juego se los "permite". Los usuarios pueden demostrar impresionantes habilidades, pero las reglas del juego son la ley. Puede que no sintamos "creativos," pero al fin, el juego sólo apunta a sí mismo.

Tomemos un ejemplo más sofisticado: en las "novelas de hipertexto," seleccionamos - más o menos de forma ciega - la dirección en la que queremos que la historia se conduzca. Pero una vez más, nos encontramos con mismo problema. No nos podemos comprometer creativamente a ninguna de las ramas de texto ya que todas han sido predeterminadas.[4]

Un museo de arte digital presenta un problema similar. Con la información a la velocidad de hoy en día, podemos "visitar" un museo "online" y navegar a través de obras maestras sin aparente fin. A pesar de esta bondad "esto no nos conduce a la sabiduría, sólo nos aporta más información. La "info-manía" retarda en lugar de acelerar el conocimiento."[5] Ahondaremos en este concepto más adelante.

[4] Marie-Laure Ryan, Narrative as Virtual Reality: Immersion and Interactivity in Literature and Electronic Media (Baltimore, MD: The Johns Hopkins University Press, 2003) p. 20.
[5] Heim, 145.

## II. ¿Qué es la Realidad Virtual?

Por otro lado, la realidad virtual auténtica, trata del poder creativo de la imaginación, incluso, es abierta. Más que imponer reglas, rompe reglas. En lugar de establecer límites los transgrede. No presenta eventos predeterminados, los crea - sin que nadie ni nada conozca el resultado final. En otras palabras, la realidad virtual - en su forma más pura - apunta más allá de sí misma. Se transmuta.

No es un juego que ganemos o perdamos: es necesaria "la fascinación por lo discontinuo, el salto analógico, los encuentros aleatorios de yuxtaposiciones y las explosiones destructoras causadas por las colisiones de estas"[6]. La revelación intuitiva es obligatoria, no escrita con código digital, sino con una inspiración profunda proveniente de más allá del conocimiento y la inteligencia ordinarios.

Desafortunadamente, hemos sido cautivados por el medio novedoso en lugar de por el nuevo mensaje. Los diseñadores digitales de la RV saben cómo acaparar los sentidos, torcer nuestra atracción, jalar nuestras emociones, ponerse "en tu cara" para manipularlos; pero si la RV va a tornarse en la forma artística dominante del futuro, estos diseñadores deben conocer la forma de crear un diálogo abierto con un "presente" abierto.

Hacia allá vamos a continuación...

[6] Ryan, 353.

17

## II. ¿Qué es la Realidad Virtual?

# DEFINICIÓN

## III. LA RV ES INTUITIVA

Hasta el momento, nuestra definición de realidad virtual parece más poesía que precisión. Nos proponemos entonces definir un juego de términos más exacto para la experiencia virtual:

> La realidad virtual es el lenguaje intuitivo, no literal de la yuxtaposición. La participación en este lenguaje es inmersiva e interactiva y su resultado es el sentido experimentado.

Cada uno estos términos merecen su propia descripción.

### Lo intuitivo.

Si tienes que explicar un chiste, no es chistoso. Es cierto. Podemos analizar, clasificar, examinar cuestionar los eventos racionales, pero la intuición sucede antes de la observación intelectual. En otras palabras, es un saber espontáneo que observa conexiones inesperadas entre las cosas. Inclusive la podríamos llamar un momento trans racional ya que salta "más allá de la cadena lógica tradicional, paso a paso."[1]

[1] Heim, 96.

## III. La RV es intuitiva

A menudo la gente hace referencia a una corazonada, un indicio, una sensación intestinal o un momento de "¡Aha!". Incluso mencionan "cayó del cielo, de la nada". He aquí un ejemplo más fácilmente comprensible:

> Un mariscal de campo de la NFL debe tomar varias decisiones difíciles en cuestión de segundos antes de ser aplastado. Cada jugada es una mezcla de planeación cuidadosa y arriesgada improvisación. ¿Cómo es que toma todas estas decisiones? ¡Es como si su mente tomará decisiones sin consultar![2]

No todos somos mariscales de campo, pero todos necesitamos esta habilidad. La mente meditativa opera en un plano más sensible y complejo que el pensamiento controlado conscientemente.

> Es imposible estudiar el placer del momento de un abrazo nupcial... o analizar la naturaleza del humor mientras uno se muere de risa.[3]

---

[2] Jonah Lehrer, citada en la reseña de *How We Decide* de David May (Orlando, FL: Houghton Mifflin Harcourt, 2009) http://tinyurl.com/6x2uot3
[3] C. S. Lewis citado en: Lewis, C. S. (2011). CS Lewis quotes. *Brainy Quote*.

# IV. LA RV ES NO LITERAL

La realidad virtual no es literal ya que existe afuera de la comunicación "estructurada" por la sociedad. En otras palabras, es independiente de nuestras reglas semánticas y sintácticas: doblado y torcido su propio propósito, ignora la exactitud del lenguaje.

La RV es extralingüística.

La realidad virtual describe sus propias reglas, se alza por encima de la retórica y convoca significados más allá de los límites de nuestros diccionarios. En lugar de una marcha iluminada, lineal, hacia una respuesta única, final y correcta, revela un lenguaje multi sensorial de mosaicos y metáforas - un caleidoscopio de patrones, transmutaciones y formas.

Los antiguos hebreos comprendían este hecho: "en muchas revelaciones separadas [cada cual brindando una porción de la verdad] y en muchas formas diferentes Dios habló a nuestros padres, en y a través de los profetas."[1] en otras palabras, los hebreos aceptaban múltiples formas de revelaciones, las consideraban todas "porciones" de una verdad. De forma similar, la RV crea dentro de

---

[1] Hebreos 1:1, *The Amplified Bible* (Grand Rapids, MI: Zondervan Corporation, 1987).

# IV. La RV es no literal

nosotros múltiples ideas no lineales que apuntan a un tema subyacente y unificador.

De forma increíble, la realidad virtual ¡es un lenguaje sin verbos![2] Es un lenguaje de semejanza que explora la conexión y la continuidad más que las identidades y definiciones fijas. En otras palabras, es sujeto y predicado son el mismo. En ella, no podemos preguntar cuál viene primero, ya que se requieren de forma mutua y simultánea.

Para la mente moderna, el lenguaje de la realidad virtual carece de propósito a menos de que este sea claro y conciso. Sin embargo, nos tienta. Es un acto que se revela a medias y se desvanece a medias. Es un lenguaje encubierto de disfraces deliberados. Es intencionalmente ambigua. En ella, carecer de respuestas es igual de importante que encontrarlas. Es la única forma en la que puede ser tanto intuitiva como no literal.

No es sorpresa que lenguaje de la realidad virtual sea necesariamente sensible - que involucra a los sentidos, sentimientos y emociones - ya que depende de "una superficie de experiencia humana pre semántica para obtener su poder"[3]

Hemos aprendido que cualquier cosa "no literal" es mero sentido figurado. Sin duda existen habilidosos escritores que manipulan sus

---

[2] Steven Johnson, Interface Culture: How New Technology Transforms the Way We Create and Communicate (New York: Basic Books, 1997), pp. 54-56.
[3] Lewis Edwin Hahn, Editor, *The Philosophy of Paul Ricoeur* (Chicago: Open Court, 1995) p. 216.

palabras de forma figurada con éxito. Muy a menudo el fugaz vacío de las palabras coloridas y del cliché de la metáfora muerta fracasan en su intención de definir la realidad virtual el siglo XXI. En nuestro pensamiento "iluminado" hemos perdido la profundidad de la metáfora. Los antiguos hebreos, por ejemplo, creían que la metáfora profética era la voz de Dios mismo.[4]

En este momento, deberíamos al menos recordar las bondades del hemisferio cerebral derecho con sus cualidades para la intuición, emoción, sentimiento, percepción holística y reconocimiento de patrones. Tal vez podríamos al menos admitir que, en cualquier era, el lenguaje muere para poder vivir y el lenguaje de hoy en día es cada vez menos literal. De hecho, algunos sugieren que estamos viviendo en una "era post literaria."[5]

Los signos ocultos y a la vez transparentes de la realidad virtual, podrían transformarse en nuestro único pasaporte a una realidad alternativa, imaginada y a la vez no tan ficticia. Puede que existan otros lenguajes no literales (como el código computacional), pero este lenguaje es "el lenguaje de la yuxtaposición."

¡Eso viene a continuación!

---

[4] Hosea explica en 12:10 que Dios habla gracias a *damah*, que significa "metáfora profética."
[5] Ryan, 60, 61.

## V. LA RV ES YUXTAPOSICIÓN

Esencialmente, la RV es el lenguaje de la yuxtaposición. En él convergen objetos que no pertenecen juntos y que resultan en una contradicción. La tensión resultante presenta el poder y la esperanza de la realidad virtual. Grandes pensadores concuerdan: Johann-Georg Hamann insistía, "la verdad se manifiesta sólo a través de... contradicciones de la razón."[1] Soren Kierkegaard concuerda, "toda la verdad existencial es paradójica... el lenguaje de la revelación... (es) paradoja absoluta."[2]

De esta forma las habilidades de yuxtaposición se tornan cruciales. Incluso Aristóteles concuerda:" sin duda, lo más grande es ser maestro de la metáfora."[3] Para los artistas griegos y hebreos, esto significaba ser habilidosos en el lenguaje de la yuxtaposición.

En este mundo de fantasía seria, la RV crea tensiones entre lo conocido lo desconocido, lo real y lo irreal, lo esperado y lo inesperado. Sostiene mejilla a mejilla lo viejo y lo nuevo, lo

---

[1] Johann Georg Hamann, citado en Louis Dupré, *Symbols of the Sacred* (Grand Rapids: Eerdmans, 2000) p. 58.

[2] Søren Kierkegaard, citado en Dupré, p. 58.

[3] Aristoteles, *The Poetics*, http://tinyurl.com/3wfxf7m

local y lo global, este mundo y algún otro. Yuxtapone lo bello y lo feo, lo ordinario y lo extraño, la fuerza de lo habitual y el shock de lo nuevo.

En la antigua metáfora, "el tiempo vuela", conocemos al tiempo -el pasar de los días, por ejemplo -y conocemos el vuelo -el divagar de las aves, pero cómo es que estas dos experiencias conocidas son aunadas, sigue siendo "un misterio". Sin importar cuanto lo parafraseemos o lo analicemos, la atención en esta metáfora sigue siendo desconocida. Nuestro breve momento en la tierra es más que observación lógica. El lugar, nos quita el aliento.

Es la medida de nuestra propia mortandad.

Aunque permanezcan ocultas para el pensamiento común, estas yuxtaposiciones incompatibles crean incómodos enigmas que, entorno, construyen tensiones extrañas. Estas comparaciones ajenas producen singularidades absurdas que inducen suspenso intenso. y estos contrarios conflictivos llevan a una desviación disruptiva que, en turno, causan una espera aguda.

Las tensiones sin resolución en estas relaciones ridículas son como las cuerdas del violín ancladas en un extremo y ceñidas del otro, disfrutando y sufriendo con el frotar del arco. De una forma similar, estas realidades radicalmente distintas son como el arco del cazador que propulsa la intención de la flecha gracias a la tensión entre los extremos del arma.

# V. La RV es yuxtaposición

En ocasiones son una lucha, en ocasiones meramente un coqueteo. Todos hemos sentido estas fuerzas opuestas: hemos sentido, por ejemplo, las violaciones carnavalescas en la pena secreta del payaso feliz, nos maravillamos de los espirituales negros que cantan de alegría y pesar al mismo tiempo, hemos probado, concurrentemente, la dulzura y el sacrificio en la boda de una hija.

Parecería que la yuxtaposición no es la vela ni el pabilo, sino el fuego.

En ocasiones estas tensiones irrumpen en nuestra realidad, sutilmente a veces, a menudo no tanto. Estos huecos en nuestro conocimiento arrancan el pelo de la familiaridad con nuestro mundo. Violan nuestras expectativas, pero no sorprenden con la guardia baja, sino que impertinentemente empujan nuestra posición.

Son "post-predecibles."[4]

Como animales en alerta, sentimos una aceleración -una agudeza de los sentidos- una concentración instantánea. Así nos encontramos a la espera ansiosa de algún tipo de resolución. Sin embargo, aquellos de nosotros con mayor

---

[4] Chip Heath y Dan Heath, *Made to Stick: Why Some Ideas Survive and Others Die* (New York: Random House, 2007) p. 71.

voluntad, percibimos estas alteraciones con la emoción y fascinación de un nuevo viaje. Listos para "ir a alguna parte."

Sabemos que no es el final, es sólo el comienzo.

Las yuxtaposiciones en la RV son justo lo opuesto del pensamiento "correcto" donde las ideas rápidamente se estrechan hacia una sola conclusión, ya que las tensiones dentro de la RV comienzan y terminan con "Multi todo."

Para empezar, son multimedia, toman muchas formas. No sólo pueden enmascararse como sonidos, movimientos, historias o imágenes, también pueden tomar lugar en cualquier momento y en cualquier lugar: una historia, por ejemplo, "puede ser recontada de infinitas maneras".[5] La yuxtaposición también es multi sensorial, un sentido cruza fácilmente hacia el otro: "la soprano tiene una voz 'Dulce.' (sabor a oído)" el violinista tiene un tono 'aterciopelado.' (tacto a oído).

No existe "límite para el número de posibles realizaciones."[6]

También son multi perspectiva: yuxtaposiciones simples apiladas una sobre otra hasta llegar a una complejidad insondable. Estos tumultos de tensión se tornan

[5] Ryan, 119.
[6] Ryan, (anteror).

# V. La RV es yuxtaposición

caleidoscópicos puesto que realizan este proceso en diversos niveles al mismo tiempo. Aunque la noción continúe siendo poco popular entre los intelectuales iluminados, "la conciencia puede ocupar múltiples puntos y puntos de vista"[7]

Esto significa que la RV es un ciclo sin fin de recursos que se expanden, un estado constante de flujo y forma, un remolino, giros de autorreflexión y diversidad. ¡Este es el secreto de la RV! **Mientras más compleja, más tensa; mientras más tensa, más significativa.**

La música es un buen ejemplo, allí, las múltiples yuxtaposiciones dentro de la melodía, la armonía, el ritmo y los demás elementos musicales, funcionan no sólo dentro de sí mismos, sino en contra de los demás. Si todas esas tensiones no fueran suficientes, considere los filmes o la ópera; en ellos encontramos caleidoscopios sin fin unos dentro de otros, cuando música, drama, arte visual, narrativa y danza obran en sorprendente complejidad -no sólo dentro de cada práctica artística, sino contra cada una también- hasta alcanzar un principio trascendente, unificador.

Obviamente, la experiencia de la RV yace más allá de la percepción ordinaria. La percepción extraordinaria de esta experiencia nace del lenguaje de la yuxtaposición-la tensión resultante de situar lo "conocido" y lo "desconocido" lado a

---

[7] Ryan, 71.

lado. Repito, es un acto que se devela a medias y se desvanece a medias. El espectáculo se detiene cuando un lado se devela por completo o se desvanece por completo.

En otras palabras, la yuxtaposición pierde su poder cuando las contradicciones lo pierden. Demasiado de lo "conocido," por ejemplo, genera aburrimiento-el tedio de los clichés y la metáfora muerta; demasiado de lo "desconocido" genera caos -la violación total de lo ordinario y las distorsiones surreales de la vida misma.

"Si cambias (una manzana) demasiado, esta deja de ser una manzana"[8]

Podemos ver cómo lo "conocido" y lo "desconocido" forman relaciones extrañas pero recíprocas. Lo "conocido" nos lanza hacia lo "desconocido," mientras lo "desconocido" encuentra un punto de anclaje en lo "conocido". Lo conocido" provee cuerpo a lo "desconocido", mientras lo "desconocido" añade poder algo "conocido."

La yuxtaposición es el lenguaje esencial de la RV, pero no es el resultado esencial. Demasiados participantes impacientes jalan prematuramente a la RV de regreso a este mundo, cuando anticipadamente, parafrasean o repiten literalmente las

---

[8] Cline, 102.

tensiones escondidas de la RV. Debemos admitir que una metáfora literal "logra, con una palabra o frase, lo que de otra forma tendría que ser expresado con muchas palabras, si es que lo logra."[9]

Pero la RV es ese "logro."

[9] Elyse Sommer y Dorrie Weiss, *Metaphors Dictionary, First Edition* (Tampa, FL: International Thomson Publishing Company, 1995) p vii.

# UN DIÁLOGO DE REALIDAD VIRTUAL

## Con la obra de

## ARTE EN ARENA DE KSENIYA SIMONOVA

Esta actividad nos proveerá de experiencia práctica en la dinámica y terminología de la realidad virtual. Por favor observe el siguiente video en línea y conteste las preguntas en una bitácora. No existen respuestas correctas o incorrectas. Su meta será la experiencia participativa y la interpretación final de su viaje. Puede que tenga que observar el video más de una vez.

http://tinyurl.com/lnwzxs

DESPERTAR LA CONCIENCIA

¿Qué fue lo primero que notó? ¿objetos? ¿colores? ¿formas?

¿Le pareció inesperado? ¿poco familiar? ¿Extraño?

Dentro de sus respuestas, ¿qué es lo que recordará dentro de varios días?

¿Cuál fue su parte favorita? En otras palabras, la que le dio gusto observar.

¿Cuál fue la parte que menos le agradó? En otras palabras, aquella parte de la que podría prescindir.

CREACIÓN DE YUXTAPOSICIONES

¿Qué sonidos imagina en el fondo?

Si pudiera agregar música, describa qué tipo utilizaría.

Si pudiera transformar este evento a una danza, describa brevemente sus movimientos, vestuario, etc.

Si esto fuera una obra, describa sus personajes principales.

¿Qué emociones experimenta a partir del video? ¿Qué frases poéticas?

INTERPRETAR EL VIAJE

Proporcione su propio título para el video.

¿Le parece que el intérprete mostró riesgo y valentía para enredarlo?

¿Fue esta una experiencia de realidad virtual profunda u ordinaria? ¿Proviene de un lugar más allá del conocimiento y la inteligencia ordinarios o es común?

¿Ha encontrado eventos similares a este que se lleven a cabo en la vida las personas?

Su respuesta personal al video, ¿le recuerda a una experiencia de su vida propia? ¿Cuál fue esta experiencia?

¿Cuál es su respuesta al video?

Si usted estuviera esperando un elevador y las puertas se abrieran para revelar este video, ¿se subiría al elevador, esperaría al siguiente?

# VI. LA RV ES INMERSIVA

La realidad virtual requiere del fenómeno de la inmersión, es decir, cuando nos sentimos "inmersos" en un tiempo y lugar virtuales, cuando experimentamos ser absorbidos por un "mundo" diferente, cuando nuestros sentidos son atrapados por otra "realidad".

En otras palabras, la inmersión colapsa la distinción entre los mundos real y virtual. Es una experiencia de "Primera persona" donde ya no observamos de afuera hacia adentro, sino de adentro hacia fuera, y posiblemente sea la iniciación de aquello que aún no comienza.

La inmersión también implica envolvimiento sensorial fértil, la conciencia de una mente encarnada. Sucede cuando nuestros sentidos y sentimientos son cautivados, absortos, raptados - cuando son impulsados, transportados. La juventud de hoy en día lo llama "estar en la zona" o "estar en el momento." Sugiere el envolvimiento sensorial, casi total, que experimentamos a leer libros o ver filmes, pero ...

... En su punto alto, la inmersión puede ser una experiencia que nos aporte aventura y vigor, comparable con nadar en el frío océano con la marea poderosa. El ambiente nos parece de inicio hostil, entramos a él con cautela, pero una vez que nos mojamos y confiamos el cuerpo al vaivén de las olas, nunca queremos salir. Y cuando finalmente lo hacemos, nos sentimos refrescados y llenos de energía.[1]

Muchos temen a la inmersión, ya que parece amenazar al pensamiento crítico. Algunos otros tienen miedo de "perderse" -los peligros psicológicos del "ser". Estas conversaciones vendrán más adelante ...

Por ahora, simplemente recordemos, que todos nosotros vivimos y nos "perdemos" constantemente en mundos ficticios: no sólo en nuestras, siempre activas, imaginación y conciencia, sino también en lo que elegimos como entretenimiento. Algunas de estas experiencias ciertamente son bobas -" no puedo creer que me estoy dejando llevar por esto" - y algunas son intencionalmente serias, ya que la inmersión es el fin de todo gran arte.

Sin embargo, la inmersión siempre es una decisión cuando sea y donde sea. Una vez tomada dicha decisión, la mente encarnada se sumerge en este mundo ficticio lenta y suavemente.

---

[1] Ryan, 11.

"la cultura moderna está fascinada con medios semejantes a la vida cada vez más transparentes, con la inmersión total de nuestros sentidos."[2]

[2] Ryan, 347.

# VII. LA RV ES INTERACTIVA

No resulta una sorpresa que la RV nos lleve a la interacción ya que tiene una "interfaz."

Después de todo, el medio digital ya contiene un ambiente interactivo puesto que permite una "interfaz de usuario" donde activamente alteramos un mundo controlado informáticamente.

Los videojuegos evidencian este hecho. En ellos, interacción constante lleva a cambio constante en la historia de un mundo estimulado sensualmente. En este mundo de "primera persona", nuestra participación siempre toma la forma de "acción." La RV crea algo, nosotros respondemos a este algo.

En otras palabras, la RV no es RV a menos que sea "interactiva."

Esté dentro de una computadora o no, esta interfaz activa se transforman una exploración minuciosa, una búsqueda comprometida, el arte del descubrimiento. Es el instrumento quirúrgico en la fantasía seria, tal vez sea, principalmente, el lenguaje del futuro, una habilidad intencional.

## VII. La RV es interactiva

Sucede en distintos niveles de intensidad. Los niños, por ejemplo, viven en mundos imaginarios donde sus juguetes representan el mundo real a explorar. En la RV, hacemos lo mismo, pero en un distinto nivel. Las consolas de videojuegos son nuestros nuevos juguetes, pero la RV es mucho más que un juguete.

Para el novato la "interactividad" es más pasiva que activa. Es tímidamente atenta, distante- mente reflexiva, cuidadosamente contemplativa. En El mejor de los casos, el principiante permite que su imaginación fluya libremente con los posibles significados, pero esta "interactividad pasiva" puede que no sea nada más que relajarse dentro del sauna.

Para los viajeros de la RV, este divagar sin esfuerzo se transforma en una meditación activa. El teólogo del siglo XII, Ricardo de San Víctor, lo pone de esta forma: "la contemplación divaga... (pero) la meditación investiga."[1]

Estos "detectives" de RV se sitúan a propósito en el "Real" mundo irreal. Se comprometen confiadamente a un viaje desconocido y esperan cruzar las barreras por completo. Su expectativa se parece a la emoción del director de orquesta que tiene en sus manos la partitura de una obra que aún no ha sido estrenada.

---

[1] Thomas Bestul, *Chaucer's Parson's Tale and the Late-Medieval Tradition of Religious Meditation,* http://www.jstor.org/pss/2854185

Este nivel de experiencia de RV se eleva hasta ser una expectativa alerta, el observar algo que está por prender en llamas. Es aquí donde los viajeros comienzan a observar como lo familiar se torna extraño y lo extraño familiar.

No les importa "quedar atrapados" en esta interfaz. No les molesta el disturbio de sus asunciones y preconcepciones. De hecho, dan la bienvenida a la sorpresa, la serendipia, las conexiones frescas y las visiones periféricas.

A menudo, encontramos esta intensidad en aquellos que aman ver buenas películas y leer buenos libros. Viven la trama como si fuera **destino propio**, anticipan el desenvolvimiento de los mundos -" me imagino que...", "debería de...  ", "y que si...  ". En otras palabras, sus reflexiones crudas se transforman en recreaciones espontáneas en tiempo real que reciben y comparten de un futuro que aún no es.

Incluso esta interacción esconde la historia: una verdadera "interfaz de usuario" significaría convertirnos en "co-creadores" del evento mismo. La realidad virtual necesita más que observación -sin importar que tan activos, comprometidos o inmersos nos encontremos.

En otras palabras, nos volvemos "actores" más que observadores, irrumpimos en el mundo de la realidad virtual más de lo que ella irrumpe en el nuestro. Expresamos el misterio más que contemplarlo, le damos forma a la profundidad más que quedarnos absortos por la misma: colaboramos.

Después de ver "la ley de la tierra," después de reconocer qué es lo que parece ser importante dentro de las muchas redes temáticas," hacemos" algo: le damos forma a nuestros sentimientos, creamos "realidades dentro de realidades."[2] En las palabras de Shakespeare; "la imaginación encarna las formas de las cosas desconocidas."[3]

Puesto de forma sencilla, hablamos con el objeto de nuestra atención en el lenguaje de la yuxtaposición. Creamos nuevas yuxtaposiciones que exploran las continuidades y conexiones que permanecen ocultas en la yuxtaposición original. Una vez más, interactuamos con lo poco común, comparamos cosas que no pueden ser comparadas usando repetidamente otras formas artísticas y otros sentidos.

Esta colaboración es una tarea audaz, una fantasía seria, una declaración atrevida. Se transforma en la realidad que proclamamos incluso mientras la proclamamos. Se transforma en el mundo que anunciamos incluso mientras lo anunciamos. Seguimos los pasos de Miguel Ángel quien creía que su nueva

---

[2] Heim, 129.
[3] *Cambridge Collections Online*, "Shakespeare Survey: Interpretation" Volumen 4 http://tinyurl.com/4xfrhcj

escultura ya estaba allí, aunque fuera dentro de un bloque de mármol. Su trabajo era simplemente revelarla.

¡La mente moderna demanda mucho menos misterio! Afortunadamente la noción de "creatividad" satisface esta demanda. Ya que la realidad virtual es el prototipo de toda la creatividad, pregona su mismo espíritu. Dentro de la RV existen "posibilidades ilimitadas de interfases creativas."[4] De hecho, "el rol esencial de lo virtual" es "el proceso creativo."[5]

La misma industria de la realidad virtual se revela como un nido de creatividad e innovación.

En resumen, la RV no es una "creación", es un "crear." Los participantes interactivos de la realidad virtual hablan espontáneamente de cosas que no existen, como si lo hicieran, representan cosas ausentes como si fueran presentes y se expanden en un mundo fértil aún inexistente.

Pierre Lévy, académico canadiense de medios, menciona: "lo virtual... expande el proceso de la creación... abre el futuro... es el proceso de transformación a través del cual el mundo ejecuta su destino... mientras realiza lo que el hombre siempre ha hecho, sólo que de forma más poderosa, consciente y sistemática."[6]

---

[4] Zhai, 156.
[5] Pierre Lévy, citado en Ryan, 35-37.

## VII. La RV es interactiva

Jaron Lanier, el informático que popularizó el término "realidad virtual", sugirió "realidad intencional" como un mejor nombre.[7] esta descripción quedaría perfecta para los artistas creativos. Ya sea dentro de la RV Digital o más allá de ella, los artistas conocen "la poética de la voluntad,"[8] la intencionalidad requerida para crear mundos, la decisión inspirada para lanzarse por el futuro y hacia el futuro.

Es así que la realidad virtual y el proceso creativo son uno y mismo. Después de todo, comparten la misma definición.

Seguramente ahora entendemos que la RV es un "diálogo." Un proceso de dos vías entre el mundo de la RV y el colaborador interactivo. Es un movimiento direccional de toma y da.

Entre nosotros y "ella," existe una complementariedad, un vínculo, una relación simbiótica. Entre nuestra imaginación inspirada y la imagen virtual existe una extraña comunión, un discurso exótico. Entre dos cosas en cercana proximidad hay una interacción continua, un flujo total.

En resumen, este diálogo es un remolino giratorio de reflexiones con significados en capas múltiples.

---

[6] Ryan (anterior).

[7] Zhai, 151.

[8] Lewis Edwin Hahn, Editor, *The Philosophy of Paul Ricoeur* (Chicago: Open Court, 1995) p. 215.

Comienza cuando la RV irrumpe en nuestro mundo, cuando somos espontáneamente obligados a responder; súbitamente somos impulsados a crear una nueva imagen o entender creativamente una ya creada, en este momento, nos sentimos empoderados a actuar, a expresar algo, a dar forma a nuestras imágenes sensoriales.

Como parte de nuestra respuesta, le damos "vuelta a la mesa": somos nosotros los que irrumpimos en el mundo de la RV.

Comenzamos a hablar el lenguaje de la yuxtaposición y valientemente trasladamos el "objeto" original a otros medios y otros sentidos. Libremente parafraseamos la imagen de la realidad virtual a partir de formas artísticas no relacionadas y sentimientos no parecidos. Como en un juego, ponemos "el balón a rodar." Como un mariscal de campo, lanzamos el balón hacia un lugar donde el receptor aún no se encuentra.

Nos cuestionamos, "¿Cómo se transformaría este evento si le añadiéramos nuestras ideas? ¿En que se transformará si solamente añadiéramos ideas contrarias al original? ¿Cómo se vería? ¿Cómo sonaría? ¿Qué sabor u olor tendría si lo trasladáramos a danza, drama, música, arte visual, poesía?

Repentinamente nuestra respuesta pareciera alimentar al objeto virtual, inexplicablemente recibimos "retroalimentación"[9] [10] inmediata. En otras palabras "el

44

mundo ante la realidad virtual apunta, cambia progresivamente en respuesta a nuestras exploraciones"[11] nosotros realizamos una acción y lo virtual también.

Como resultado, tenemos un entendimiento profundo, un gran significado, una revelación rica del objeto virtual. Así que respondemos de nuevo, y como lo hicimos anteriormente, exploramos perspectivas diferentes del todo. Una y otra vez, más más y más profundamente respondemos al recibir una visión creciente de un mundo alternativo: múltiples capas de significado sobre significados de múltiples capas.

Una vez más, es un proceso abierto.

Esta profundización es como un pequeño pueblo escondido entre las montañas, mientras trepamos en búsqueda de distintas perspectivas, cada observación aumenta la información en relación a las viviendas y los habitantes. De forma asombrosa, el pueblo parece cambiar y crecer con cada nueva perspectiva.

Regresemos al hecho básico: la realidad virtual no es posible sin interactividad. En primer lugar, "el sentido de pertenencia a un mundo no puede estar completo sin la posibilidad de

---

[9] Zhai, 54, 55
[10] Ryan, 35-37
[11] Cline, 181,182

interactuar con el mismo"[12]  el "diseño de interfaz" de hoy en día ciertamente confirma esta verdad. Como resultado "nos estamos transformando... en una cultura más preocupada por la interactividad"[13] De hecho, pocos se dan cuenta de que tan cerca estamos de un ambiente totalmente interactivo.

Con mayor frecuencia, los videojuegos permiten a los participantes inventar alguna parte de su mundo virtual, transformarse en colaboradores creativos de la "construcción de mundos." Los juegos, en otras palabras, ya no son sólo entretenimiento, se han convertido en oportunidades para la expresión. Esta noción pronto será aplicada en la televisión y el cine.[14]

La noción de una "interfaz" ha logrado "cortar a través de todo el mundo cultural"[15]  incluso más allá de los videojuegos, La televisión o el cine.

La gente ahora tiene el poder de hacer más que sólo recibir información, pueden decidir si quieren o no a evaluarla, darle nueva forma, añadirle valor, compartirla con otros en su red. Este cambio de poder de receptor a conector será la fuerza vital te nuestra próxima economía.[16]

[12] Ryan, 67
[13] Ryan, un comentario en la contraportada de su libro.
[14] Zhai, 167
[15] Heim, 76

## VII. La RV es interactiva

La nueva "interactividad" de la civilización es un paso hacia una buena dirección, en contra de aquellos que quieren controlar a los demás, los que buscar poder y prestigio sobre y por encima de las masas. Uno de los más básicos derechos humanos es el de crear nuestras propias respuestas creativas y compartir lo que nos inspira.

Después de todo gran parte de nuestra mente es un lugar "creativo y encantado" donde "se realiza la mayoría de trabajo del cerebro."[17] Inclusive, la mente creativa es un "salto intuitivo por encima de la cadena lógica, paso a paso... opera en un plano más sensual y complejo que el pensamiento controlado conscientemente."

Esta es una nueva forma de pensar. La mente de aquel que juega videojuegos trata "al mundo como el lugar de creación, no de consumo."[18] Tenemos un tiempo corto y mucho que aprender. Hoy en día somos testigos del fin del lenguaje que "simplemente piensa." Con mayor frecuencia "proyectamos un mundo." La creatividad pareciera ser cosa de suerte, pero "la suerte favorece a aquellos que están preparados."[19]

---

[16] Tom Hayes, Jump Point: How Network Culture is Revolutionizing Business (Columbus, OH: McGraw-Hill, 2008) pp 30-31.

[17] David Brooks, *The Social Animal: The Hidden Sources of Love,Character, and Achievement* (New York: Random House, 2011) reseña de producto, http://url.ie/aupv

[18] Will Wright, "Dream Machines" *Wired Magazine, número* 14.04, Abril 2006. http://tinyurl.com/z3zys

La idea de que cualquiera, en cualquier lugar o cualquier momento, puede ser llenado con creatividad, es una de las ideas perdidas en la modernidad. La inspiración podría ser nuestra única ventaja en un mundo regido por la inteligencia computacional.

Una máquina no puede inspirarse.

Algún día podremos decir que la realidad virtual refleja más que el mundo imaginado, que enmarca otro mundo. Más que una creación, es un crear: no sucede simplemente "en" la historia, "es" la historia, no predice el futuro, engendra del futuro.

"Sólo aquellos que se arriesguen a perderse en su hondura, encontrarán que tan profundamente es posible llegar"[20]

---

[19] Louis Pasteur, http://url.ie/auq2
[20] T. S. Eliot, http://tinyurl.com/3s6d78t

# VIII. LA RV ES SENTIDO EXPERIMENTADO

Es imposible definir realidad virtual sin definir "sentido experimentado". Todo lo que hemos descrito hasta el momento podrá ser el "medio", pero no es el significado. En la RV profunda -aquellas experiencias que van más allá del conocimiento y la inteligencia ordinarios- "el medio **no** es el mensaje."

La realidad virtual apunta más allá de sí misma, se torna fuera de sí misma, habla más allá de sí misma; en otras palabras, habla de forma indirecta. El significado se construye a través de ella, pero no en ella. Todos los componentes -lo intuitivo, lo inmersivo, lo no literal, lo interactivo y las tensiones dentro de las yuxtaposiciones- conspiran para representar algo "que no se encuentra allí."

A través de tensiones insistentes entre los mundos de lo real y lo irreal, la RV proporciona el transporte necesario hacia un tercer mundo de "sentido experimentado." Con la RV, el significado excede su medio, su propósito, sobrepasa su apariencia.

Es "virtual." Es "indirecta."

## VIII. La RV es sentido experimentado

El arte provee de ejemplos: Henry Miller observa, "el arte es sólo un medio para la vida, para la vida más abundante. No es en sí mismo la vida más abundante."[1] Incluso una gran obra maestra no puede reclamar su propio significado, ya que "la abrumante belleza apunta más allá de sí misma."[2]

Las películas populares pueden albergar múltiples yuxtaposiciones entre drama, música, arte visual, poesía y coreografía, pero eso no es lo importante. Ted Nelson lo plantea de esta forma: "¿a quién le importa?"[3] lo relevante es el significado al que las yuxtaposiciones apuntan.

A leer una buena novela, nuestra preocupación principal no es el nombre del autor o la técnica literaria, en su lugar, nos regocijamos en el sentido experimentado y los souvenirs del viaje.

En la realidad virtual, el medio es el significante y el mensaje el significado; el medio es el emisor y el mensaje lo enviado; el medio revela, el mensaje es lo revelado; el medio es la fantasía y el mensaje la certeza.

---

[1] Henry Miller, citado en Brewster Ghiselin, *The CreativeProcess* (New York: Mentor Books, 1955) p. 181.
[2] Hans Urs von Balthasar, citado en Patrick Sherry, *Spirit and Beauty: An Introduction to Theological Aesthetics* (Oxford: Clarendon Press, l992) p. 161.
[3] Ted Nelson, citado en *Vorticism*, http://tinyurl.com/3qounlv

## VIII. La RV es sentido experimentado

Debemos admitir que las realidades virtuales de la cultura popular y los mercenarios del mercadeo apuntan sólo a sí mismos. Sus mundos virtuales gritan, "mírame, ¡mírame!". No hay nada malo en un buen *showman*, pero emerge poco significado a menos que el intérprete y el producto apunten más allá de sí mismos.

En la RV esta necesidad de significado proviene de nuestro deseo de entender donde hemos estado y hacia dónde vamos. Marie Ryan ofrece un ejemplo:

> El suspenso crece mientras el rango de posibilidades decrece... La intensidad del suspenso es inversamente proporcional al rango de posibilidades. Al principiar la historia, todo puede suceder, las permutaciones hacia el futuro son muy numerosas de contemplar. El futuro empieza a formarse cuando surge un problema y confronta al héroe con un número de posibilidades de acción limitadas. Cuando se elige una de ellas, el espectro de los posibles desarrollos se reduce a una dicotomía entre un camino que lleva al éxito y otro que lleva fracaso; una polarización que marca el inicio del clímax en la acción."[4]

Tarde temprano, dejamos nuestros pensamientos -estas interacciones creativas- y cruzamos el puente hacia la interpretación- el mundo del sentido experimentado.

[4] Ryan, 142.

Hasta ahora, la RV ha sido un estado fluido -podríamos llamarla alusiones potencializadas. Entonces, repentinamente comenzamos a percibir revelaciones inesperadas. Sócrates lo describía como algo "nacido repentinamente en el alma, como una luz... iniciada por una chispa saltarina."[5] El popular escritor Norman MacLean, lo describe de esta manera: "darte cuenta de algo, que te hace ver algo, que no habías percibido, lo cual te ayuda a observar algo que ni siquiera es visible."[6]

Aquellos con intuición más "experimentada" disciernen instantáneamente o separan lo superficial de lo profundo, la forma del contenido, la conveniencia de la epifanía, lo inútil de lo valioso. En un mismo instante, reconocen o resuenan con las observaciones armoniosas, saltos analógicos y "evidencias sorpresivas."

De forma valiente, comenzamos a "saber", algo comienza a atar una cosa con otra, a tomar forma. Este es un momento interpretativo - un momento "definitorio"- donde enfocamos el objeto de nuestra atención. En otras palabras, removemos la vaguedad y la duda y declaramos claramente su identidad: lo nombramos.

---

[5] Raoul Morley, From Word to Silence, Vol. 1, The Rise and Fall of Logos (Bonn: Hanstein, 1986), p. 95.
[6] Norman Maclean, *A River Runs Through It* (New York: Pocket Books, 1992) p. 101.

## VIII. La RV es sentido experimentado

La RV es una fuente de asombro y sabiduría en nuestro tiempo ya que es una versión avanzada de la metáfora profunda, y la metáfora se ha tornado central en todos los estudios del significado. Se ha vuelto "central para la estética, la teoría de la literatura, lingüística y la filosofía del lenguaje." Es "discutida en psicología, filosofía de la mente y filosofía de la ciencia."[7], y "cambiará la forma en que los filósofos contesten las preguntas fundamentales de la ética, la epistemología y la metafísica."[8]

Sabemos que todo el pensamiento humano -incluido el científico- es metafórico. Todas las cosas que proveen de significado en la vida requieren metáfora.[9] No resulta sorprendente que la RV se manifieste como "una visión periférica mediante la cual percibimos y articulamos el fondo escondido del ser, el mundo o contexto en el cual se torna real y significativo."[10]

En el ocaso de la ilustración, donde "saber" es el resultado de una secuencia lineal de pensamiento crítico con una respuesta final "correcta", la RV sugiere un cambio de "quienes somos dentro de la realidad." Sin embargo, la RV no busca descartar o

[7] Daniel Gilman, "Book Reviews," *Modern Philology*, Vol. 89, número 3, Feb. 1992, p. 462.
[8] Cline, 155.
[9] George Lakoff y Mark Johnson, Philosophy in the Flesh: The Embodied Mind and Its Challenge to Western Thought (New York, NY: Basic Books, 1999) pp. 58, 59.
[10] Heim, xiii.

refutar las tradiciones válidas, sino recrearlas. En las palabras de Marie Ryan, la RV es "el estado alegre de la omnisciencia retrospectiva."[11]

La diferencia espectacular con el "saber" anterior viene del hecho de que la RV es un "saber encarnado," donde los sentidos, sentimientos y emociones inspiradas se tornan extensiones cognitivas de la mente.

Es por ello que la RV también es un evento personal. A menudo, tiene "nuestro nombre por todas partes." A veces percibimos, "esto fue solo para mí." Y en la mejor de las ocasiones, la RV ofrece una "modificación" permanente, o inclusive, una "irreversible... transformación."[12]

Cuando Dostoievski dijo, "la belleza salvará al mundo,"[13] quería decir qué nuestro sentido de belleza salvará al mundo. Aquí no existe la belleza intelectual impersonal.

Existe un rol para la rigurosa lógica del pasado que nos protege de la subjetividad egoísta, la conformidad inconsciente y la "amabilidad" corrupta, pero la belleza que transforma el quehacer humano no proviene de la "idea" de cambio. Nace de

[11] Ryan, (anterior).
[12] Pierre Lévy, citado en Ryan, 35-37.
[13] Nancy Forest-Flier, "Beauty Will Save the World," http://bit.ly/ceJph9

los poderosos "sentidos experimentados" de los eventos personales.

Puede que las palabras razonadas de la era moderna "sobrevengan" en la vida –es decir, "añadan" a la vida. Pero las palabras escondidas de la RV pueden "intervenir" en ella -en otros términos, pueden "cambiarla."

Cuando arribamos a lo interpretativo -el momento de sentido experimentado en nuestro viaje_de RV- terminamos con nuestras yuxtaposiciones creativas y las inferencias sin fin. Resulta positivo detener las interacciones y comenzar las interpretaciones, ya que las nuevas observaciones son de corta vida sin algún tipo de inventario. Entonces, regresamos a "casa," posiblemente alterados por la experiencia, en este momento olvidamos el "lenguaje" del viaje y recordamos solo el significado.

A menos que compartamos su significado, el viaje, la revelación y su empoderamiento han terminado. Todo lo que hemos aprendido rápidamente se torna "preconcebido" y nos damos cuenta de lo que sabe todo granjero: "si dejas la uva en la vid por demasiado tiempo, esta se echará a perder."

Si somos honestos, eventualmente entenderemos que no podemos permanecer aquí. Recordemos que nuestro viaje de realidad virtual es un ciclo que nunca termina y siempre se profundiza. El significado continuará generando mayor significado, tendremos que nutrirnos de las implicaciones sin fin de un recurso inexhaustible.

Así que el viaje comienza de nuevo.

> Lo virtual... inyecta un núcleo de significado por debajo del tópico de la presencia física inmediata.[14]

---

[14] Pierre Lévy, (anterior).

# UN DIÁLOGO DE REALIDAD VIRTUAL

## Con el filme

## SURROGATES

El filme, *Surrogates*, es situado en el año 2054 donde los humanos viven a través de robots sustitutos, o suplentes permanentes. La gente experimenta la vida vicariamente a través de versiones robóticas idealizadas. Los propietarios de dichos sustitutos transmiten todas tus decisiones y reciben todas las consecuencias cómodamente en casa. Aventuras salvajes sin riesgo. "La vida... sólo que mejor," es su eslogan. Bruce Willis interpreta al agente Greer, un detective de homicidios que sale de casa por primera vez en años para poder investigar los asesinatos de sustitutos y sus usuarios (su propio sustituto ha sido asesinado así que tiene que salir a la calle por sí mismo.)

Aquí el enlace a tráiler del filme:

https://www.youtube.com/watch?v=KC5TrKNIDHQ

A continuación, conteste las siguientes preguntas en su bitácora:

## DESPERTAR LA CONCIENCIA

¿Qué es lo primero que captura su atención?

¿Qué objetos notó? ¿colores? ¿formas? ¿movimientos?

¿Le pareció inesperado? ¿Poco familiar? ¿Extraño?

Dentro de sus respuestas, ¿qué lo que recordará dentro de varios días?

¿Cuál fue su parte (o porción) favorita? En otras palabras, la que le dio gusto observar.

¿Cuál fue la parte que menos le agradó? En otras palabras, aquella de la que podría prescindir.

## CREACIÓN DE YUXTAPOSICIONES

¿Qué palabras o frases destacan?

Si pudiera transformar este evento a una danza, describa brevemente sus movimientos, vestuario, etc.

Si esto fuera una escultura, descríbala.

¿Cuáles son las emociones principales de la historia? ¿Cuáles son sus frases poéticas principales?

INTERPRETAR EL VIAJE

¿Qué partes de la historia le parecen imposibles de creer? ¿Qué partes le parecieron posibles?

Proporcione su propio título para el filme.

¿Ha encontrado eventos similares a este que se lleven a cabo en la vida las personas?

¿Puede relacionar esta experiencia con algo de su vida personal?

¿Cómo respondería al filme?

# Realidad virtual en el siglo XXI

# IX. EL ROL DE LAS EMOCIONES, LOS SENTIMIENTOS Y LOS SENTIDOS

La RV es sensible, se mueve dentro de un ambiente sensorial rico y diverso. Representa el poder dentro de las tecnologías sensuales de hoy en día y un hábitat casi completo para mente cuerpo. Es "la primera tecnología intelectual que permite el uso del cuerpo en la búsqueda del conocimiento."[1]

La RV requiere de nuestras emociones, sentimientos y sentidos. Después de todo, la "información" dentro de ella es "información sensorial." Habla el lenguaje de la experiencia inmediata y los sentidos experimentados. Es "presente" simplemente porque nuestros cuerpos físicos y virtuales interactúan con ella.

Pregúntele a los "gamers."

Ya que la RV "habla" el lenguaje de la yuxtaposición, no debería sorprendernos que sus sentimientos y emociones hablen este mismo lenguaje. Las emociones ordinarias, ocurren una a la vez, uno se encuentra feliz o triste; pero cuando dos o más emociones se desafían mutuamente y establecen

---

[1] Heim, vii, viii.

yuxtaposiciones entre ellas, es señal de que algo sucede a un nivel más profundo.

En la RV, las luchas sensibles -entre alegría y tristeza, lo atrayente y lo repulsivo, el poder de asombro y el misterio fascinante- se repelen tanto como se atraen. Encontramos yuxtaposiciones similares en las artes. Los áfrico americanos celebran alegría con la misma música con la que expresaban su pena durante la esclavitud. La música siempre propone un humor, por supuesto, pero la música más profunda propone humores opuestos. De la misma forma, las yuxtaposiciones sensoriales en la RV cruzan a otros sentidos.

Hablamos de "sinestesia," cuando un sentido busca a otro, cuando la sensación resultar en otra: "colores estruendosos", "serios oscuros", "olores dulces", "voces brillantes" o "tonos aterciopelados." Obviamente, estos términos son ilógicos, y aun así todos vivimos las tensiones entre un sentimiento y otro. Al observar no sólo "vemos," también "sentimos".

Estas tensiones pueden tornarse inclusive más complejas: cuando la realidad virtual nos lleva en un viaje multi sensorial a través de formas artísticas simultáneas -como en el cine donde convergen drama, coreografía, narrativa, poesía, arte visual, música, etcétera- la multitud de yuxtaposiciones sensoriales juega el mismo papel que el velcro...

... mientras más ganchos, mejor.

## IX. El rol de las emociones, los sentimientos y los sentidos

En la RV, "sentir" y "saber" se combinan. Por supuesto, esta noción es difícil aceptar para el pensamiento tradicional, donde usualmente las emociones son limitadas a la subjetividad superficial y en ocasiones incluso restringen a la mente a ser sólo un órgano más. Cualquier otro "saber" simplemente no es sujeto de análisis científico o razonamiento lógico. Otros observadores aportar un punto de vista distinto:

> Supuestamente somos pensadores lógicos racionales, pero esto no es cierto. La mente está compuesta de una red compleja de distintas áreas, muchas relacionadas con la emoción... la conciencia es una parte pequeña de lo que el cerebro hace: mucho de lo que "pensamos" en realidad es impulsado por las emociones.[2]

Fritjof Capra, físico americano, teórico de sistemas y autor de múltiples libros va inclusive más profundamente: *"todo pensamiento nace y es moldeado por el cuerpo."*[3]

El cuerpo consciente representa dos problemas más para el pensamiento tradicional. Primero, este tipo de conocimiento se encuentra oculto, sus ideas son oscuras y representa "una enorme cantidad de análisis invisible."[4] Segundo, es una

---

[2] Jonah Lehrer, citado en *Book Notes de* David Mays, una reseña del libro de Lehrer, *How We Decide* http://tinyurl.com/6x2uot3
[3] Fritjof Capra, The Hidden Connections: Integrating the Biological, Cognitive, and Social Dimensions of Life into a Science of Sustainability (New York: Doubleday, 2002) p. 64, 65, 72.

conciencia espontánea, instintiva e instantánea que reacciona rápidamente -algunos piensan que mejor que la mente razonada.

Las emociones y los sentidos juegan un rol crucial en el proceso de decisión. Hemos asumido que conocer la información correcta nos lleva, siempre, a tomar las decisiones correctas, pero "el cerebro que no siente no puede decidirse."[5]

Estos sentidos experimentados no son simplemente sensaciones, puesto que aportan luz con su calor, revelación con su afecto y visión con su inspiración. Es por eso que escuchamos mencionar memoria conmovedora, sapiencia visceral o corazones intuitivos. Es por ello, que previamente hemos conocido un sentido palpable, un toque perceptivo y un sentimiento profundo.

En otras palabras, este es un saber encarnado. Su percepción es corpórea. Estas prótesis investigadoras son parte de nuestros sentidos. Estas extensiones cognitivas se encuentran en nuestros sentimientos. Todas estas facultades carnales están "dotadas de intención y poderes de decisión."[6]

---

[4] Lehrer, (anterior).
[5] Lehrer, (anterior).
[6] Derrick de Kerckhove, *The Skin of Culture* (Toronto: Somerville House Publishing, 1995) p. 150.

## IX. El rol de las emociones, los sentimientos y los sentidos

Puesto de otra forma, nuestra mente es "simplemente una poderosa máquina biológica."[7]

Siempre hemos tenido claro que el sentimiento inspirado y el conocimiento intuitivo requieren profundamente uno del otro. Amy Lowell escribió: "sea como sea (el conocimiento oculto), atrapado o escondido, la emoción es una parte importante." ya que "sólo la emoción puede impulsar al subconsciente a actuar."[8]

En efecto, la RV tiene un gran patio en el cual jugar.

Son pocos quienes se dan cuenta que vivimos en medio de un momento increíble de la historia del conocimiento: la civilización occidental siempre ha sentado sus creencias principales en los antiguos griegos y hebreos, olvidamos que estas dos culturas tenían una diferencia fundamental; mientras los hebreos aceptaban el "sentir experimentado," los griegos no lo hacían.

Para los griegos las emociones eran una señal de debilidad que dotaban de poco valor al pensamiento correcto. En su lugar, enfatizaban las "ideas" formales, éstas incluían los datos fríos

---

[7] Lehrer, (anterior).

[8] Amy Lowell, *Poetry and Poets: Essays* (Cheshire, CT: Biblo-Moser, 1971) p. 25.

de la fórmula, el análisis, la teoría y la conjetura. En resumen, sus reglas de conocimiento formaban una filosofía sistemática.

Como resultado, el pensamiento griego era anti-misterio, anti emoción y anti sentimiento.

Los hebreos, por otro lado, construían sus vidas apoyándose en más que sólo ideas formales. La suya era una cultura oral donde la narrativa era una experiencia estética y donde la imaginación, el sentimiento y el poder se requerían el uno al otro íntimamente.

Su conocimiento a menudo venía de la crudeza de la vida misma.

Para los hebreos, las palabras primero emergían del cuerpo, del sentimiento visceral, de la pasión extática y el sentimiento experimentado. A pesar de estar repletos de enigmas y paradojas, estas palabras fueron su fuente de fuerza.

Hoy en día, llamaríamos al pensamiento de los antiguos hebreos "desmenuzable," o "dudoso," demasiado subjetivo, pero ellos conocían un secreto: discernir la diferencia entre las emociones de supervivencia biológica (la carne) y las emociones de sabiduría estética (el espíritu).

## IX. El rol de las emociones, los sentimientos y los sentidos

Así que los griegos y los hebreos fueron muy diferentes, y así comenzó la carrera para ver que cultura controlaría la civilización occidental.

El resultado de este concurso se tornó aparente cuando los griegos tomaron el sentido experimentado de una joven y vulnerable cristiandad y los moldearon conforme a sus ideas teológicas. En otras palabras, trajeron la retórica clásica en auxilio de una nueva religión. La cristiandad lo agradeció.

La mayoría de nosotros estaría de acuerdo en afirmar que la cultura de hoy en día es más griega que judeocristiana. Es un hecho que el alma de la civilización occidental podría ser llamada un alma griega. Nuestro ADN de conocimiento se encuentra en la idea griega, formal y sistemática, del conocimiento.

A través de los siglos, la historia puede haber tomado un par de agentes hacia la emoción, pero hoy, la mayoría de las instituciones la excluyen del pensamiento crítico. A menudo limitan la belleza a una belleza puramente intelectual.

Sin embargo, algo más grande está cambiando la historia. La RV comienza a marcar el cambio, de lógica a sentido experimentado, de opinión informada a intuición inspirada, y de lo literario al visionario. Se comienza a mezclar lo científico con lo sensual, la tecnología con el tacto, y el Internet con la intimidad.

## IX. El rol de las emociones, los sentimientos y los sentidos

> Las pasadas tecnologías de comunicación tendían a filtrar contenido utilizado en la comunicación interpersonal, por otro lado, la RV nos ayuda a agregar, enfatizar o aumentar las señales... para "compartir emoción" con los demás, para enfatizar... al evidenciar la prominencia de movimientos faciales y crear asociaciones.[9]

Como resultado, existe una nueva idea sobre lo que es real. "En el pasado la autenticidad tenía que ver con la prueba. Hoy en día, la autenticidad tiene que ver con el sentimiento."[10] Las realidades se tornan reales simplemente gracias a que nuestros sentidos, sentimientos y emociones pueden interactuar con ellas. En la RV "la experiencia misma es la realidad."[11]

La estructura misma de nuestro conocimiento está cambiando –no "que" conocemos, sino "como" conocemos. "Nos encontramos mucho más abiertos a la idea del pensamiento no verbal, de que algunos tipos de idea son mejor apoyados por recursos expresivos."[12] Pareciera que "estamos buscando un hogar para mente y corazón."[13]

---

[9] Cline, 123.
[10] Phil Cooke, citado en *Book Notes* de David Mays, http://tinyurl.com/3tvqtau
[11] Cline, 224
[12] Ryan, 60, 61
[13] Heim, 85

## IX. El rol de las emociones, los sentimientos y los sentidos

Somos testigos del fin de una filosofía que simplemente piensa. El conocimiento permitido y el prohibido se están metiendo juntos a la cama. El pensamiento aceptable y el no aceptable rápidamente se han vuelto amigos.

Pero ¿qué tan confiables son estos sentimientos? Todos hemos vivido emociones que nos traen problemas. Todos hemos experimentado las cambiantes vanidades de la auto indulgencia de las necesidades animalescas. Es obvio que muchas de nuestras emociones simplemente huelen mal.

Justo como lo hace nuestra lógica antigua, los que viajen a los mundos de la RV necesitará nuevas formas de verificar la realidad de estas nuevas "existencias". Habrá necesidad de maneras de confirmar la validez de nuestras valideces. En resumen, los líderes maduros de esta era necesitarán "acordar condiciones de verificabilidad."[14]

Han sido pocos los estudiosos que discuten la diferencia entre el "sentido experimentado" y nuestras emociones superficiales básicas. Intentar encontrar esta diferencia es como intentar reconocer a los amigos y evitar a los enemigos en una fiesta de máscaras. Resulta complicado, pero es una necesidad.

Por supuesto, se admite que las emociones naturales son una parte necesaria la vida. Nuestras emociones ordinarias,

---

[14] Cline, 179

sentimientos e instintos no son malos por sí mismos, pero pueden tornarse malos. Muy malos.

Así que comenzamos por preguntarnos, ¿cuál es la fuente de nuestras emociones? ¿Qué las instigó? ¿Qué las impulsó? ¿Provienen de una fuente fidedigna? ¿Confiable? ¿Vale la pena a responder?

Más profundamente, cada emoción tiene su propio modus operandi inherente, patrones específicos, estilos distintivos y rasgos típicos. En la RV, estos rasgos por sí mismos, a menudo revelan la manipulación.

El mejor modus operandi, revela "tamaño." ¿tu respuesta al elemento virtual apunta un mundo pequeño o grande? ¿Tus reacciones son delgadas o expansivas? ¿Superficiales o profundas? ¿Tus sentimientos se observan a sí mismos o apuntan más allá? ¿Se aferran a limitaciones o se abren las posibilidades?

Las emociones superficiales, por ejemplo, se atan al ambiente. Ciegamente siguen la sensación del momento. Estos humores son pasajeros y libres, arrastrados por cualquier corriente momentánea que empujen nuestras velas. A menudo estas son emociones que sólo existen por el bien de sí mismas. Por supuesto, casi siempre provienen del egocentrismo -el interés propio, la auto preservación, el placer propio y la indulgencia propia.

## IX. El rol de las emociones, los sentimientos y los sentidos

Como es de esperarse, estos humores vienen y van. Son temporales, no tienen valor que perdure. Su resultado, no dejan significado. Carecen de él.

Por otro lado, el sentido experimentado, es más grande que las reacciones superficiales. Puede pintar un lienzo más amplio. Puede incluir una complejidad más incluyente. Puede expandirse con mayor certeza. Esta es la razón por la que lenguaje de la yuxtaposición es tan importante. En lugar de emociones sencillas superficiales y singulares la yuxtaposición requiere de una multitud de sentimientos complejos que incluso se oponen.

Resulta importante notar que las yuxtaposiciones profundas apuntan solo hacia fuera del poder al que describen. Cuando Dostoievski dijo, "la belleza salvará al mundo," no se refería a la belleza misma. La belleza a menudo puede apuntar a ver verdades ocultas pero poderosas que en turno pueden salvar el mundo.

Si la fuente y la naturaleza de los sentimientos dentro de un evento de realidad virtual se reúsa a mostrar aquello que queremos saber, entonces tenemos que observar el fruto, el resultado final, el último impacto, la conclusión eventual. Virtuales o no, las emociones en un evento de RV son emociones verdaderas, y su resultado final siempre revelará la intención del evento original. En otras palabras, la semilla del evento eventualmente produce su fruto:

## IX. El rol de las emociones, los sentimientos y los sentidos

¿La experiencia fue útil o inútil, destructiva o constructiva? ¿Somos víctima o vencedor; ¿fuimos ayudados o lastimados, impulsados o dominados?

En resumen, la RV requiere de una nueva forma de conocer. "Sabremos" a través de los sentimientos, y estos nos llevaran a la sabiduría estética.

Alfred Adler dijo, "la vida sucede a nivel de los eventos no de las palabras." No es sorpresivo que estemos aprendiendo a estar de acuerdo con él, ya que hoy en día no encontramos renovación en la mera retórica. Ya no creemos que el significado provenga solamente de reacciones químicas en el cerebro.

Este despertar histórico llega justo a tiempo. Con el creciente poder de la computación, el único poder que nos queda podría ser el de la inspiración creativa la yuxtaposición y el resultante sentido experimentado. La RV del futuro otorgará esperanza a aquellos "quienes quieran contemplar lo que es verdadero, real, bueno y bello."[15]

La RV nos promete que la vida puede estar llena de maravilla y aventura y que nuestras emociones, sentimientos y sentidos pueden proveer historias mucho más certeras sobre la

[15] Cline, 227

realidad. Por supuesto, siempre necesitaremos lógica áspera para salvarnos de nosotros mismos, si nos vamos a arriesgar a viajar dentro de los mundos virtuales, necesitaremos estar inspirados por nuestras emociones y ser responsable de las mismas.

# UN DIÁLOGO DE REALIDAD VIRTUAL

## Con la obra

## "Adagio for Strings" de Samuel Barber

El compositor americano, Samuel Barber compuso esta obra en 1936. Una de las favoritas de los públicos estadounidenses, ha sido utilizada como música de fondo en las siguientes obras cinematográficas: Amélie de Montmartre, el hombre elefante, Kevin and Perry Go Large, Lorenzo's Oil (versión coral: agnus dei), El norte, Pelotón, Reconstrucción, Les roseaux savages,

Simone y La letra escarlata.

Escuche esta versión **sin** observar el video. Responda a las preguntas en su bitácora.

https://tinyurl.com/ycw3t4de

Después de contestar las preguntas, vuelva a escuchar observando el video. Finalmente, para proveer un buen giro de yuxtaposición, escuche esta versión electrónica:

https://tinyurl.com/ctln2yv

## DESPERTAR LA CONCIENCIA

Al escuchar la música, ¿qué sonidos le parecen más llamativos? No hay que tener entrenamiento musical para contestar. Sólo describa en sus propias palabras la naturaleza general de los sonidos que escucha. Simplemente primera impresión.

¿Qué sonidos en particular recordará dentro de una semana?

Describa qué sonidos le gustan más. ¿Por qué?

Describa qué sonidos le gustan menos. ¿Por qué?

## CREAR YUXTAPOSICIONES

Si usted fuera el compositor, ¿qué instrumentos musicales o voces le añadiría? ¿qué tipo de sonidos musicales añadiría a los ya presentes?

Si fueras un compositor *avant-garde* que busca agregar material no musical, *¿qué sonidos no musicales agregarías?*

Mientras toca la pieza, desarrolla una imagen que la acompañe.

Completa los detalles de la imagen.

¿Qué emociones están involucradas en la imagen?

INTERPRETAR EL VIAJE

Ponga un título a la imagen.

¿Ha visto un evento similar a esto?

¿Ha experimentado emociones parecidas? Describa.

Si esta música tuviera un "mensaje", ¿cómo contestaría?

# X. LA REALIDAD VIRTUAL COMO MEDIO ARTÍSTICO

Mayoría de los observadores reconocen que la realidad virtual es un medio artístico, incluso algunas expresiones de RV pueden ser consideradas obras de arte. De hecho, "se convertirá en **el medio artístico** del nuevo siglo."[1] ¿Por qué no vivimos esto venir? Las artes siempre se han mancomunado con la tecnología de su tiempo.

> Las películas no siempre fueron consideradas arte. ¿Cómo podría contar una historia un filme mejor que una novela? Seguramente una película no es más que una pobre imitación de obra teatral - ¿quién se va a sentar frente a una pantalla a ver una mala grabación cuando se podría sentar a los pies del actor y en el momento?[2]

Después de tres décadas, los videojuegos han dejado de ser simplemente una moda. Crecientemente, "se han desenvuelto como un verdadero medio artístico de expresión."[3] incluso el

[1]    Robert    Lamb,    "Are    Video    Games    Art?"    *DiscoveryNews* https://tinyurl.com/ycsemqt8
[2]    Nicholas    Deleon,    "Are    video    games    art?"    *CrunchGear* http://tinyurl.com/y2k4bm3

Simthsonian y la National Edowment for the Arts ya reconocen a los videojuegos como un medio artístico legítimo. Es un hecho, uno puede aplicar para obtener fondos federales para desarrollar un juego nuevo.[4]

Si existe el arte, deben de existir los artistas. ¿Quiénes son estos nuevos artistas? Resulta interesante que se les llame "diseñadores" -aún no artistas. Son sensibles ciber ñoños, tecno artistas y técnicos del ciber espacio. Sus manos proféticas pueden converger tecnología, narrativa, música y arte dentro de "mundos artificiales completos llenos de imágenes estéticamente agradables y desafiantes."[5] sus nuevos videojuegos, juegos computarizados, hologramas, novelas de hipertexto, poesía electrónica, películas interactivas, instalaciones de arte digital y sitios de juegos de roles, consumen todos nuestros sentidos y toda nuestra atención.

La economía global navega sobre sus innovaciones estéticas.

Sin embargo, hoy en día la realidad virtual se traslada más allá de la tecnología, crece hacia afuera de sí misma y permea todo el pensamiento. Descubrimos que la realidad virtual es más

---

[3] Lamb (anterior).
[4] Mike Gutierrez, "Video games are art (at least according to federal government)" *Warp Zoned* http://www.warpzoned.com/?p=7353
[5] Lamb (anterior).

que tecnología. Como resultado, la RV comienza a moverse hacia dentro del mundo del usuario en lugar de necesitar que el usuario entre en el propio. En un comienzo, llevamos las realidades de nuestro mundo hacia la red a través de ventanas, escritorio, navegadores, salones de chat, arrastrar, soltar... Ahora que la RV -con o sin tecnología digital-haya ingresado a nuestro mundo su hábitat virtual, vocabulario virtual, estilo de vida interactivo y sabiduría estética, sin duda liderará a nuestra sociedad.

¿Por qué no considerar a la realidad virtual como un medio artístico? Después de todo, comparte la misma definición con todas las artes:

**... el lenguaje intuitivo, no literal de la yuxtaposición... inmersivo e interactivo... Cuyo resultado este sentido experimentado.**

En otras palabras, el arte es realidad virtual y la realidad virtual es arte.

Identificar la yuxtaposición con la metáfora también es una herramienta útil. Por ejemplo, el arte es imposible sin la metáfora. "representa la estructura misma del arte... Un modelo perfecto del arte." Es una obra de arte miniatura, la semilla misma, una porción pequeña. De forma más importante, es prototipo y poder en todas las artes.[6]

Es de esta forma que el lenguaje de la yuxtaposición en la RV corre paralelas exactas con el lenguaje de la metáfora en el arte. Las tensiones creadas por el sonido, movimiento, imagen y narrativa son las mismas tensiones encontradas en la música, danza, arte visual, poesía y drama.

Paralelamente, los sentimientos escondidos tanto en el arte como en la RV representan cosas ausentes, no vistas o más allá de sí mismas. Tanto la RV como el arte representan algo imaginado que se siente esencialmente real. Puesto de otro modo, ambos representan fantasía sería.

La RV y el arte son sistemas intuitivos gobernados por fuerzas hechas sensuales. Ambos representan el espíritu mismo de la creatividad-transportado por el futuro hacia el futuro-que nos acerca las cosas lejanas.

A propósito, el término "tecnología" provienen del griego que significa "el estudio del arte."[7] Hoy en día, la realidad virtual ha cumplido esta antigua profecía.

Algunos aspectos de la RV no son tan nuevos como creemos. Una observación detallada nos revela que mucha de la RV no

---

[6] Carl Hausman, Metaphor and Art: Interactionism and Reference in the Verbal and Nonverbal Arts (New York: Cambridge University Press, 1989) p 231.
[7] Ray Kurzweil, The Age of Spiritual Machines: When Computers Exceed Human Intelligence (New York: Viking, 1999) p. 16.

es sabiduría nueva, sino sabiduría desechada. Olvier Grau escribe, "(la RV) no es la innovación revolucionaria que sus protagonistas claman que sea... La idea de la realidad virtual sólo aparenta no tener historia; de hecho, se fundamenta firmemente en las tradiciones artísticas históricas."[8] Philip Zhai concuerda: "ya nos encontrábamos inmersos en un mundo virtual sofisticado mucho antes de haber escuchado hablar de realidad virtual."[9]

Muchos otros han hecho observaciones similares: "las preguntas que nacen a partir de las nuevas tecnologías interactivas tienen a sus precursores y ecos en las tradiciones literarias y artísticas pre electrónicas."[10] Por ejemplo, fácilmente podemos trazar "el linaje de la realidad virtual hasta frescos encontrados en una villa en Pompeya."[11]

La RV corre paralelas exactas con acontecimientos artísticos pasados.

Como la música es mi campo, la utilizaré como un ejemplo. La música es un rascacielos virtual de yuxtaposiciones con niveles de tensión aparentemente infinitos. Las melodías van en

---

[8] Oliver Grau, *Virtual Art: From Illusion to Immersion* (Leonardo Books, 2004) reseña de libro. http://tinyurl.com/3vxs2eg
[9] Zhai, 57, 58.
[10] Ryan, (faja de libro).
[11] Grau (anterior).

contra de sus propias direcciones; las armonías en contra de su propia tonalidad; los ritmos interrumpen su propio pulso y los demás elementos de la música (timbre, textura, forma, dinámica, contexto, humor y demás) crean tensiones similares y resoluciones de las mismas. Estas tensiones no sólo juegan dentro de cada elemento sino contra cada uno de los elementos al mismo tiempo.

Yuxtaposiciones similares proveen la base para cada una de las artes. Sin embargo, ¿qué pasa con la combinación de todas las artes? Durante mucho tiempo hemos estado en la búsqueda de una interfaz poderosa, la aproximación total entre todas las artes. Primero, la llamamos drama (junto con los antiguos griegos), después opera... Opereta... Teatro musical y finalmente cine.

¿será que algún día la llamaremos" realidad virtual"? Después de todo, Ella promete un medio artístico incluso más amplio e inclusivo. Hablará el lenguaje subyacente de todas las artes. Cruzará las fronteras ilusorias entre música, poesía, danza, drama y arte visual. Creará imaginación espacial que no había sido concebida como posible desde la perspectiva pintada del renacimiento. ¡Lo más increíble, es que participaremos!

Una vez más, la RV se torna cada vez más penetrante tanto en presencia o ausencia de la tecnología. Con Nuestra participación creciente, también buscamos experiencias cada vez más parecidas a la vida. Deseamos pasar de la representación del arte -un arte que simula a la vida- y disfrutar el arte como la vida misma. Esta búsqueda ahora es posible, ya que en la RV no existen las fronteras entre arte y vida

La vida es inmersiva e interactiva. En consecuencia, si vivimos conscientemente nuestras yuxtaposiciones creativas, el arte aparece como incógnito en la vida-en cualquier lugar, en cualquier momento y en cualquier forma. Los momentos no considerados obras de arte se transforman en Arte -a menudo escondido y sin embargo presente. Todo lo que hacemos apunta a algo. Todo lo que hacemos habla de algo.

Estas convicciones están dentro de las ideas perdidas de la modernidad. Por ejemplo, arte y creatividad no se limitan a sí mismos, a ocasiones especiales, a citas estrictas o al talento. Nada es trivial. Nada es insignificante. Nadie tiene las manos vacías.

La RV nos llama a extraer lo precioso de lo aparentemente inútil. En la RV "transformamos existencia diaria en experiencia estética... Poesía en forma de vida... Generamos eventos de forma intuitiva... (y) arriesgamos... Desconocemos el resultado."[12]

[12] Ryan, 65.

Existe creatividad latente en todo lo que hacemos. Toda la vida es arte. Todos somos artistas.

El paisaje es bueno para el arte. Michael Helm llama a la RV "el santo grial de la búsqueda artística"[13]. El paisaje es aún mejor para la RV. Leonard Sweet la llama "una de las formas estéticas más altas de la cultura posmoderna."[14] Heim incluso va más allá," la RV aumentará el poder del arte para transformar a la realidad."[15]

[13] Heim. 124.

[14] Leonard Sweet, *SoulTsunami: Sink or Swim in the New Millennium Culture* (Grand Rapids, MI: Zondervan, 1999) p. 219.

[15] Heim, 128.

# UN DIÁLOGO DE REALIDAD VIRTUAL

## Con la pintura

## Bar at the Follies Bergere de Edouard Manet

https://tinyurl.com/y8desw39

DESPERTAR LA CONCIENCIA

¿qué fue lo primero que notó? (sin interpretar, sin consideraciones profundas, sólo primera impresión.)

¿Objetos? ¿Colores? ¿Formas?

¿Qué partes le pareces más prominentes?

¿Cuál fue su parte favorita? En otras palabras, la que le dio gusto observar.

¿Cuál fue la parte que menos le agradó? En otras palabras, aquella parte de la que podría prescindir.

CREACIÓN DE YUXTAPOSICIONES

¿Qué sonidos imagina en el fondo?

Si pudiera tocar distintas partes de la imagen, describa cómo cree que se sentirían.

¿Qué música podría acompañar a la obra? Descríbala.

Si pudiera transformar este evento a una danza, describa brevemente sus movimientos, vestuario, etc.

¿Qué emociones expresa la pintura?

¿Qué frases poéticas emergen de la misma?

INTERPRETAR EL VIAJE

Si la pintura fuese un libro, ¿cuál sería el titulo?

¿Le parece que el intérprete mostró riesgo y valentía para enredarlo?

¿Ha encontrado temas similares a este que se lleven a cabo en la vida las personas?

¿Le recuerda a una experiencia de su vida propia? ¿Cuál fue esta experiencia?

# X. La Realidad Virtual como medio artístico

¿Cuál es su respuesta a la obra?

# XI. ¿"REALIDAD" O "ILUSIÓN"?

Existe un problema. Ya sea que la RV genere una desatención de la realidad o viceversa. No sabemos qué suceda, las implicaciones son enormes.

Tan pronto comentamos el mundo de la RV, comenzamos a derrumbar una pared que separa lo real de lo irreal. Una realidad comienza a desaparecerse y la otra se devela. Eventualmente la RV se torna...

> ... indistinguible de lo real, por lo menos en términos de procesamiento perceptual y cognitivo... (en línea encontramos) comunidades virtuales, centros comerciales, casinos de apuestas, distritos rojos, parques de diversiones y centros de negocios.[1]

Aquellos que evitan los mundos fantásticos a menudo reclaman: "la RV carece de realidad... No es real... No tiene prueba de serlo". Entonces, tanto para los precavidos como para los osados, planteamos la siguiente pregunta, "¿cómo es que conocemos lo que sabemos? ¿Qué es virtual y qué es real?

[1] Cline, 154.

# XI. ¿Realidad o ilusión?

Mientras tanto, "tecnología y realidad comienzan a fusionarse"[2]. En esta unión, la certeza es destruida.

Este capítulo explora nuestra crisis de "conocimiento." Para empezar, la mayoría admite que el efecto de la RV ciertamente parece real, que la experiencia a menudo se siente real. La realidad virtual valientemente sugiere incluso más que eso, "*la experiencia misma es lo que es real*"[3]. Después de todo, nuestras emociones, sentimientos y sentidos están **conectados corpóreamente** al mundo virtual, y como consecuencia el mundo de la realidad virtual se torna físicamente real.

Nuestra inversión en esta realidad alternativa es tanto sensible como seria. Es "un **evento**, en el sentido más fuerte del término."[4] sus datos sensoriales proveen una experiencia fidedigna no muy distinta a la del mundo real. Después de todo, ambos mundos son percibidos por los sentidos. En ambos mundos confirmamos la experiencia con encuentros personales.

Es un hecho, la ficción dentro de la realidad virtual a menudo se siente más poderosa que los hechos reales.

[2] Heim, 118.
[3] Cline, 224 (énfasis añadido).
[4] Ryan, 35-37.

# XI. ¿Realidad o ilusión?

La RV, por ejemplo, es tan impactante que los videojuegos pueden, literalmente, asustarnos, hacernos sentir nerviosos o causarnos emoción. Aumenta nuestra frecuencia cardiaca, nuestro nivel de adrenalina y puede que inclusive sudemos. Imagine al piloto que Estrella su avión en un simple simulador. El efecto emocional y físico están fuerte ¡que puede cambiar su vida para siempre!

Si eso no es lo suficientemente real, considere el dinero que cambia de manos en los ambientes virtuales. En algunos lugares de Estados Unidos, por ejemplo, los bienes raíces virtuales son más caros que los reales.

En internet, inmersos en el ciberespacio, estamos conscientes de alcanzar el mundo de manera más rápida y conocemos este fenómeno en tiempo real. Dinámico y espontáneo, esta experiencia se transforma en un triunfo sobre los límites del tiempo. Del mismo modo, estamos conscientes de poder alcanzar al mundo más lejano, lo conocemos como un ambiente que se amplía a través del espacio permanentemente abierto e infinito; como un triunfo sobre sus límites.

Estas conquistas sobre tiempo y espacio no son imaginarias, sino reales. Simplemente existe otro mundo ahí dentro; la mayoría de nosotros entendemos que no hay forma de refutarlo.

# XI. ¿Realidad o ilusión?

Inclusive, podríamos describir a la red como un cerebro humano global en el cual el disparo simultáneo de millones de "sinapsis" conforma la conversación colectiva de una nueva coexistencia, y las colaboraciones creativas de un nuevo consenso.

¿qué tan real tiene que ser antes de que lo llamemos realidad?

Una cosa es cierta, cada vez observamos menos y menos diferencia entre las experiencias reales y las virtuales. La juventud de hoy en día comparte la pasión por este hecho. Ellos dotan de forma a las realidades virtuales vitales, verdaderas realidades, hiper realidades - realidades más allá de las realidades. Los jóvenes, ya describen estas experiencias en tiempo real y vida real.

El resto de nosotros ha encontrado una fascinación con los nuevos medios y queremos más. Estamos cansados de la negra observación pasiva; queremos en su lugar, una mayor participación. Estamos hartos de mandarnos besos por el teléfono. Queremos besos reales.

¿Son estos sentimientos simplemente subjetivos? ¿Estamos moldeando una versión egocéntrica de la realidad a partir de nuestros impulsos, prejuicios y errores iniciales? Los participantes en la RV a menudo comienzan su experiencia con escepticismo extremo y la terminan con extrema culpabilidad.

## XI. ¿Realidad o ilusión?

Sin embargo, la subjetividad no es nuestro problema, ya que el gran arte va más allá del saber ordinario y de los límites del mundo fisiológico. Sienta la mirada más allá tanto de la subjetividad como de la objetividad. De la misma forma, mira más allá de las distorsiones de su propia cultura e incluso de las ilusiones de su propio arte.

Como hemos mencionado anteriormente, los antiguos griegos comprendían este hecho, lo llamaban *prosopon,* que significa "un rostro frente a otro". Las tensiones resultantes entre estos rostros opuestos apuntan a una tercera realidad, una otredad radical, que ellos llamaron *Geist, pneuma o* espíritu de la verdad[5] (si esto te recuerda la yuxtaposición entonces estás comprendiendo la idea).

La sabiduría antigua/futura aparece en el momento justo, la juventud de hoy en día demanda transparencia y aborrece el artificio obvio.

Sea o no cierto que las historias del cine son sólo imaginarias, Mychilo Cline confirma, "la experiencia misma es lo que es real"[6]. La información sensorial provee veracidad al evento. Philip Zhai añade otra perspectiva: "lo que importa en nuestras

[5] John Panteleimon Manoussakis, After God: Richard Kearneyand the Religious Turn in Continental Philosophy, 3rd edition (Bronx, NY: Fordham University Press, 2006) p. 145.
[6] Cline, 224.

vidas no es sólo lo que es real a partir de la experiencia si no lo que es real a partir del significado"[7]. La vida, después de todo, es una red de eventos y relaciones significativas.

En otras palabras, experiencia y significado no dependen de lo físicamente real. La conciencia difiere esencialmente del orden natural del mundo, así como nuestra identidad personal no depende de la causa y efecto de la ciencia.

El mundo del tacto, sabor, olor, color y música; del amor y la amistad; de la esperanza y la envidia; del dinero y el poder... estas cosas no existen en el mundo de los átomos, sino dentro de nuestras mentes.[8]

Incluso, "la imagen vívida es más persuasiva que el argumento sonoro, la narrativa cautivante resulta más irresistible que la evidencia histórica"[9]: "creencias, deseos, metas, compromisos, amigos, familia, tradiciones, ambientes... son todas relaciones que no pueden ser ignoradas"[10].

¿Hemos estado equivocados al definir la realidad?

---

[7] Zhai, 131, 132.
[8] Cline, 209, 210.
[9] James A. Herrick, Scientific Mythologies: How Science and Science Fiction Forge New Religious Beliefs (Downers Grove, IL: InterVarsitiy Press: 2008) p. 251.
[10] Ryan, 122.

## XI. ¿Realidad o ilusión?

Si asumimos que la experiencia del arte es capaz de apuntar a un significado que ya no es imaginario, sino real, ¿qué tipo de significado podría emanar de esta experiencia? A continuación, nos aproximaremos a una versión.

El significado es una conciencia poderosa y no ambigua que mira más allá de la subjetividad y la objetividad, y que requiere, al mismo tiempo, la muerte de nuestro panorama limitado y nuestras ilusiones usuales. En el arte, por ejemplo, confrontamos a lo "finalmente real"[11]. Lo que percibimos de lo finalmente real siempre es una pequeña pero importante porción de un contexto exhaustivo, una red de relaciones y un mosaico de patrones más amplio.

Significado, dentro del arte, es lo grande contenido en lo pequeño.[12]

Dentro de estos significados de múltiples capas, pareciera que jamás terminan las revelaciones. Siempre existe algo más para ser explorado. Nuestro viaje otorga una visión creciente del mismo objeto, aporta perspectivas distintas del todo, dentro del todo.

---

[11] Louis Dupré, *Symbols of the Sacred* (Grand Rapids: Eerdmans, 2000) p. 71.
[12] Zhai, 2.

# XI. ¿Realidad o ilusión?

"Es un recurso inexhaustible"[13]. Teóricamente, jamás llegaremos al fin en las posibles yuxtaposiciones ni de sus interpretaciones.

Esta teoría del significado difiere de las antiguas. El significado iluminado casi siempre ha sido producto de "palabras", no de experiencias sensoriales - los resultados del reportaje remoto, no de eventos personales - la aceptación de prueba externa, no de credibilidad interna. Incluso los gurús de la inteligencia artificial "sostienen que la conciencia no es más que inteligencia". Pero "la conciencia, de hecho, no es lo mismo que la inteligencia"[14]. Cuando necesito un amigo cercano, no voy a la computadora.

No obstante, existe un rol para el pensamiento crítico o inteligente y para la "sabiduría ganada a base de trabajo y las reglas perpetuas del pasado". Esta lógica juega un rol secundario a la "experiencia" del significado a la que nos confrontamos en las artes. Es después del shock provisto por el significado sin mediación y por la nueva realidad, que esta reclama que nuestras facultades críticas verifiquen y confirmen la integridad del evento.

[13] Ryan, 35-37.
[14] Zhai, 121.

## XI. ¿Realidad o ilusión?

Por supuesto que ayudaría ser un poco más honesto con relación a la realidad normal. He sugerido que lo imaginario puede ser real. Ahora, sugiero que lo real puede ser imaginado.

> Los físicos nos dicen que el universo es carente de color, olor, sonido o tacto ("nada es rojo o negro, suave o duro, etc., sólo el pensar lo hace de esta forma"). Por ejemplo, las diferentes frecuencias de la luz (ondas electromagnéticas de diferente longitud) son representadas dentro del cerebro como distintos colores. Pero los objetos no tienen color. El color no existe en el "mundo real".[15]

De igual forma, entre científicos es bien conocido el hecho de que lo que llamamos materia, en realidad, es espacio vacío. Alguna materia - como la materia oscura - no puede ser detectada, a pesar de que supuestamente compone el 95% del universo.

Considere la teoría de las cuerdas que divide la realidad no en cuatro sino en 11 dimensiones, 10 para el espacio y una para el tiempo. Recuerde que, en la teoría de la relatividad de Einstein, el espacio y el tiempo difieren, decididamente, de cómo los experimentamos.

[15] Cline, 209, 210.

## XI. ¿Realidad o ilusión?

Honestamente, ¿por qué no podemos admitir que la realidad normal es simplemente un juego de ilusiones en el cual estamos todos de acuerdo? ¿por qué no podemos admitir también, que tanto el mundo real como el imaginado son simplemente lo que de ellos percibimos? Si podemos admitirlo, considere qué tan alarmantemente cerca estamos de aceptar las realidades dentro del cine.

"Seguramente aparecerán fenómenos para soportar estos nuevos mundos" dijo C.S. Lewis, al igual que "para nada quiero decir que estos nuevos fenómenos son ilusorios"[16].

Presentaremos el argumento más extraño, por mucho, para explicar las realidades dentro del arte. *La RV es real porque contiene puertas a la realidad.* Esa "realidad" es real porque es una *fuerza autónoma.* Considere este resumen de los comentarios de Marie Laure Ryan:

> [lo virtual] es una realidad autónoma con una naturaleza dinámica. Tiene una forma independiente de discurso, que actúa como cuerda hacia una presencia sin intermediarios. Incluso, tiene el poder de desdoblarse en muchos mundos que son gobernados por la necesidad artística de sus propias reglas.[17]

---

[16] C. S. Lewis, Clyde Kilby, *A Mind Awake: An Anthology of C. S. Lewis* (Boston: Mariner Books, 2003) p. 237.
[17] Ryan, 13-15, 44-47, 50, 54-57, 90-94, 177-186.

## XI. ¿Realidad o ilusión?

En capítulos anteriores, precisamos la RV y los distintos términos dentro de esta definición, incluyendo yuxtaposición. Finalmente, no podemos fijar, dominar o controlar el lenguaje que yace más allá de ella. Resulta que la RV es sólo una puerta hacia otro lenguaje incluso más encubierto - la extraña zona entre medio y mensaje.

En un inicio, la RV rompe las ataduras de lenguaje normal, pero al final, algo más rompe sus propias ataduras. En el principio, podemos participar creativamente, pero al final, adquiere su propia forma de ser.

En otras palabras, el poder de la RV no es sí misma. Como en todo gran arte, apunta hacia afuera del poder al que indica. Anteriormente, discutimos cómo nuestra participación creativa en la RV requiere un diálogo. Ahora preguntamos, "¿con quién entablamos ese diálogo?"

¿Cómo es que la otra parte del diálogo es "autónoma"?

Hay algo que actúa dentro de la realidad virtual, no solo yace allí, descansando plácidamente en nuestra imaginación, no solo vaga por las regiones dormidas del subconsciente: es activa, se mueve. Tal vez esta sea la razón por la que Alfred Adler escribió, "confíe sólo en el movimiento. La vida sucede al nivel de los eventos, no de las palabras. Confíe en el movimiento."[18]

# XI. ¿Realidad o ilusión?

Esto se repite en todo el arte. No es nuestro ni por nosotros. No es el fruto de nuestras hazañas heroicas ni del genio de la voluntad propia. El gran arte manifiesta su propia presencia; evoluciona por sí mismo. Es por eso que la RV no se somete totalmente a nuestro control.

Los novelistas mencionan que sus personajes tienen una vida propia, que no son fácilmente manipulados. Harriet Beecher Stowe escribió, "no podía controlar la historia; se escribió a sí misma"[19]. En otras palabras, el arte encuentra las tensiones y tendencias de una otredad - una necesidad que no puede ser ignorada. Confirmamos esto al observar una película. No estamos interesados en lo que los productores, escritores o técnicos piensan, sólo queremos saber lo que la historia nos dice.

No es una sorpresa, entonces, que el mensaje virtual provenga de fuerzas irresistibles y opuestas. Nos atrae, mientras controla su propio mensaje. Nos atrae, mientras resiste las interpretaciones arbitrarias. Podemos participar con nuestra propia perspectiva, pero el mensaje casi nunca pierde su propósito.

---

[18] Alfred Adler, "Quotes by Alfred Adler" *Finest Quotes* http://tinyurl.com/3tbotwu
[19] Charles Edward Stowe, *The Life of Harriet Beecher Stowe* (Honolulu: University Press of the Pacific, 2004) p.79.

# XI. ¿Realidad o ilusión?

Una historia, por ejemplo, no puede ser contradicha o desechada como una idea, es difícil que el narrador del relato gire completamente en otra dirección.

Como resultado, el poder del mensaje es confrontado antes que inventado. A menudo somos descubridores en lugar de creadores. A menudo, los artistas dicen, "no vino de mí... apareció del cielo azul... y me sorprendió completamente".

La máxima prueba de que es autónomo es su poder persuasivo. Dispara implosiones dentro de nosotros y arranca cada primer día del resto de nuestras vidas.

"Aquello que se desliza a través del rostro de lo desconocido toma las cualidades de lo incognoscible"[20]

En resumen, hay algo en la RV que es más que imaginado. ¿Qué es y cuáles son sus implicaciones? La razón demanda respuestas y la siguiente respuesta puede no ser suficiente:

> Lo "natural" y lo "virtual" son, o igualmente reales si anclamos nuestra noción en la realidad de la sensibilidad, o igualmente ilusorios si preservamos la

---

[20] William Irwin Thompson, The Time Falling Bodies Take To Light: Mythology, Sexuality and the Origins of Culture (New York: St. Martin's Griffin, 1996).

# XI. ¿Realidad o ilusión?

> noción física de lo verdadero... Las realidades son internamente reales, no más, no menos.[21]

Nuestras instituciones tradicionales no poseen las herramientas para comprobar o refutar las realidades del arte virtual. Entonces ¿cómo aportamos integridad a este medio? ¿Cuáles son las condiciones para realizar una verificación? A continuación, nombramos cuatro caminos que pueden aportar una respuesta parcial.

Por cientos de años, nos hemos preguntado, ¿qué está detrás de la percepción? Nuestras muchas filosofías han indagado en, "¿qué es real?" y "¿qué podemos saber? Las respuestas han permanecido frustrantemente ocultas. Sin embargo, la RV "probablemente nos apunte hacia nuevas ideas sobre la naturaleza del mundo absoluto"[22]. Así que nuestro primer camino puede ser el uso del mundo virtual como un laboratorio ideal "para examinar el sentido de la realidad, especialmente aquellas realidades escondidas"[23].

Segundo, necesitamos una nueva estructura para la realidad, ya que la que utilizamos actualmente necesita expansión. Hoy en día, la naturaleza de nuestro ser se está transformando. Como resultado, necesitamos nuevos marcos sensoriales que

---

[21] Zhai, 33-35.
[22] Cline, 170.
[23] Heim, 82.

aporten coherencia y estabilidad a nuestras experiencias. Esto, en turno, traerá "un recentrar imaginativo... de las posibilidades alrededor del nuevo mundo **concreto**"[24].

Con una nueva estructura abierta, podemos entonces considerar un tercer camino que acentúe las versiones paralelas de la realidad: una interna y otra externa. Hoy en día, vemos una desconexión, incluso una falta de respeto, entre el mundo mecánico de la ciencia y el mundo interior de sentimiento. Tal vez la naturaleza que se descubre dentro de la RV pueda situarse en un estado igual al de las leyes naturales. Tal vez, podamos encontrar una nueva alianza de mente y materia, sentimiento y hecho.

Finalmente, la RV posiblemente sobrepase la ciencia tradicional por completo y se una a la física avanzada en el descubrimiento de una realidad más allá de lo que consideramos verdadero. Una realidad aumentada. Una hiper realidad. Para finales del siglo, el nuevo mundo de la RV pueda tornarse más verdadero de lo que ahora llamamos realidad.

En todas las posibilidades descritas, la RV pudiese redimir lo real; el cine encontrar un nuevo poder y propósito, y una nueva razón de ser.

[24] Richard Gerrig, citado en Ryan, 15, 21.

# XI. ¿Realidad o ilusión?

Por supuesto, nada de esto sucederá si primero no comprendemos el mundo virtual y cómo participar en él. Dentro de sus yuxtaposiciones, por ejemplo, debemos discernir la diferencia entre metáfora muerta y metáfora viva - entre metáfora simple y metáfora significante - entre metáfora común y metáfora compleja - entre metáfora literaria y profética, entre la metáfora de la conveniencia y la de la epifanía.

Reconoceremos estas diferencias más definitivamente cuando accedamos a una fuente independiente de la RV misma - una fuente autónoma.

# UN DIÁLOGO DE REALIDAD VIRTUAL

## Con la música de

## "Cuarto Movimiento" de la sinfonía No. 4 de Johannes Brahms

En esta ocasión, buscaremos la experiencia virtual dentro de una obra escrita 226 años atrás. Esto nos planteará el reto de entender la dinámica en la realidad virtual para otra época, otro lugar y otro estilo. Escucharemos el cuarto movimiento de la cuarta sinfonía el compositor vienés, Johannes Brahms. Este movimiento comienza con un tema de apertura seguido de diversas variaciones. Estas variaciones, por supuesto, son excelentes ejemplos de "yuxtaposición."

Como la música dura alrededor de 10 minutos, sugiero que le escuché más de una vez antes de contestar las preguntas.

http://tinyurl.com/69spw8

DESPERTAR LA CONCIENCIA

Al escuchar la música, ¿qué sonidos le parecen más llamativos? No hay que tener entrenamiento musical para contestar. Sólo describa en sus propias palabras la naturaleza general de los sonidos que escucha. Simplemente primera impresión.

¿Qué sonidos en particular recordará dentro de una semana?

Describa qué sonidos le gustan más. ¿Por qué?

Describa qué sonidos le gustan menos. ¿Por qué?

CREAR YUXTAPOSICIONES

Si usted fuera el compositor, ¿qué instrumentos musicales o voces le añadiría? ¿qué tipo de sonidos musicales añadiría a los ya presentes?

Si fueras un compositor *avant-garde* que busca agregar material no musical, *¿qué sonidos no musicales agregarías?*

Mientras toca la pieza, desarrolle una imagen que la acompañe.

Complete los detalles de la imagen.

¿Qué emociones están involucradas en la imagen?

INTERPRETAR EL VIAJE

Ponga un título a la imagen.

¿Ha visto un evento similar a esto?

¿Ha experimentado emociones parecidas? Describa.

Si esta música tuviera un "mensaje", ¿cómo contestaría?

## XII. ÉTICA y SALUD MENTAL

Existe una advertencia en este país de las maravillas.

Para ser franco, el arte virtual provee un mundo donde el engaño usualmente tiene un rol más grande que el discernimiento. Después de todo, "una realidad falsificada es indistinguible de la real"[1], esta es una de las definiciones de arte. Así que, con tal alucinación consensual[2], un filme puede dar marcha atrás a sí mismo, "revelando consecuencias involuntarias"[3].

En otras palabras, las futuras industrias virtuales podrían tomar distintos caminos. Tenemos mucho que ganar o mucho que perder. El futuro está repleto tanto de "posibilidades emocionantes, como de visiones aterradoras"[4]. Seguramente podemos imaginar que "[un] viaje hacia cualquier destino fuera de nuestro mundo puede terminar tanto en el infierno como en el paraíso"[5].

[1] Cline, 171, 172.
[2] Heim, 79, 80.
[3] Shane, 37, 38.
[4] Cline, 272.
[5] Ryan, 77, 80, 85.

## XII. Ética y salud mental

Incluso antes del moderno mundo virtual, jamás tuvimos los pies en la tierra. Así que, conceder al mundo las sensaciones sin límite de la tecnología me sugiere a darle a un borracho una taza de café: el resultado es un borracho despierto.

La historia revela numerosas narraciones de acciones que caen presa a subjetividades cuestionables, trivialidades, manipulaciones y engaños. Las modas de hoy en día, las emociones baratas, las formas vacías y las divergencias necias no son la excepción. ¡Lo que ha cambiado es nuestra constitución cerebral! Esta es la primera generación que crece con tecnología digital en su hogar desde el nacimiento. Para bien o para mal, esta es la primera generación configurada para una realidad alterna 24/ 7.

Detener a esta generación de la migración casi completa a los mundos virtuales es como querer detener un tsunami con sacos de arena.

Obviamente, estos jóvenes están fascinados con las "películas para llevar". Como polillas atraídas a las flamas[6], son seducidos, encantados, e incluso obsesionados por ellas, sus padres son igualmente crédulos. Comenzaron como mirones, pero terminaron abandonándose a sí mismos dentro de todos los increíbles productos electrónicos nuevos. Siempre han soñado con la utopía y ahora tienen comunidades online como

---

[6] Heim, 85.

*second life* donde disfrutan "apostar sin pérdidas, amor sin desamor, sexo sin exposición, (y) experiencia sin riesgo"[7].

Tal vez todo esto sea más aceptable si comprendemos mejor qué es lo que sucede. Existe una amplia diferencia entre la RV que satura las vidas irreflexivas y aquella que emerge del estilo de vida consciente. A pesar de todo, no sólo fallamos al entender cómo es que todo funciona, ni siquiera nos damos cuenta de que estamos atrapados.

Somos vulnerables. Numerosos trucos pueden manipular y engañarnos. Todo puede transformarse en un espejismo engañoso - una fantasía maliciosa - un paraíso seductor de tontos. La RV podría simplemente magnificar estas ilusiones; podría empoderar estos hechos ilusorios. Sólo porque algo "parece" no siempre es real.

Incluso, esta es la primera tecnología de la historia donde los niños y adolescentes tienen poder. Hablamos de "una tierra sin supervisión, sin fronteras ni dirección"[8]. Obviamente, la juventud de hoy en día no está programada para poseer tal poder.

En general, la civilización tampoco está preparada para este viaje, ya que el problema empeora en el contexto de la

---

[7] Guest (anterior).
[8] Hipps, 135-137.

sociedad posmoderna. En el occidente posmoderno, todo es subjetivo. No existe la verdad universal, tradición, sentido o significado. Los significados son mudables, múltiples, fluidos y fluctuantes.

El resultado es que todo se vale, un mundo relajado con licencias desenfrenadas. Estamos "cada vez más perdidos en un mar de distintas opiniones y perspectivas"[9]. Nuestras realidades son constantemente empaquetadas en valores copiados y pegados, anarquías "en-tu-cara" y mundos amañados.

La mezcla del posmodernismo y lo virtual en la misma olla resulta en un estofado históricamente inestable. Cierto es que el posmodernismo ha descartado muchos de los argumentos antiguos y cansados que usualmente utilizábamos para mantenernos de pie, pero en el proceso, también se han desechado información valiosa y tradiciones.

No es sorprendente que ahora tengamos un hambre posmoderna de sabiduría. Estamos buscando desesperadamente lo verdadero dentro de la realidad. De hecho, no es suficiente ser real; se tiene que ser realmente real. Sospecho que eso es lo que está detrás de los deportes extremos.

[9] Cline, 49-52.

Obviamente, necesitamos redescubrir las garantías, evidencias y pruebas de credibilidad, integridad y certeza. Necesitamos hacerlo, si es necesaria una razón, que sea por la cordura.

¿Quiénes son los gurús digitales de hoy en día, que se convertirán en los públicos de cine del futuro?

Para bien o para mal, la mayoría son adictos inquietos, impulsados por:

> un impulso primitivo que tiende a responder a las oportunidades y amenazas inmediatas. Tal estímulo provoca emoción - un chorro de dopamina - que los investigadores apuntan a que puede ser adictivo. En su ausencia, la gente se siente aburrida... (estos investigadores) comparan la atracción de la estimulación digital a las drogas y al alcohol, a la comida y el sexo, que son esenciales pero contraproducentes en exceso[10].

Habíamos esperado que el mundo digital mejorara nuestras vidas antes que hacerlas escaparse. Pero muchos participantes son simplemente "navegantes agitados de la información trivial... chapoteando sin descanso en las playas sin profundidad"[11]. Sus vidas diarias se centran en "la

---

[10] Matt Richtel, "Attached to Technology and Paying a Price" *New York Times,* Junio 6, 2010, http://tinyurl.com/38t2ot5
[11] Benjamin Wiker, "The St. Augustine Challenge" *ToTheSource, enero*

transferencia de la información" - mientras más información, menos análisis, meditación y sabiduría resultante. Esta constante borrachera de información me recuerda al juego Trivia, donde una profusión de energía mental termina siendo basura.

Por supuesto, la velocidad salvaje y temeraria acompaña su navegado. Errático e impulsivo, el tiempo va pasando sin preocuparse del resultado. El premio se transforma en "emociones por el bien de las emociones" - siempre y cuando estás sean gratificadas inmediatamente.

Obviamente, algunos llevan la inmersión a los extremos. Existe una diferencia entre estar inmerso en otro mundo y estar perdido en él. Algunos se someten de forma temeraria - cuerpo, espíritu y alma - a una máquina. Pierden la atención. Se tornan totalmente consumidos. Se vuelven zombis. Incluso los ingenieros del tren, pilotos de avión y chóferes comerciales han sido hipnotizados por sus pantallas - durante el trabajo - y han causado accidentes masivos.

Estar perdido o consumido significa que la gente desatiende el mundo real, ya no puede responder completamente a los momentos normales. Existen habitualmente en todo lugar menos en el mundo físico. Son incapaces de encontrar significado en la vida off line que los rodea.

---

http://tinyurl.com/3jrwa2y

En otras palabras, son nómadas, vagando sin un hogar. ¿es ese su plan?

> La nueva mitología de la tecnología nos sugiere que la naturaleza ya no importa. Incluso podemos mencionar a la era trans humana o post humana en la cual, la gente será mejorada y optimizada por la tecnología... (estas descripciones) inmediatamente nos recuerdan a imágenes de Blade Runner, Mad Max o The Road, de Cormac McCarthy: una distopía despojada de naturaleza[12].

¿Debemos recordar el poder restaurativo de la naturaleza, la familia y los amigos? ¿Debemos admitir que hay algo profundamente humano en conectar hondamente con nuestro ambiente y con los demás?

A pesar de todo, incluso cuando lo intentan, es casi imposible para la mayoría de los vagabundos digitales realizar estas conexiones básicas.

La desconexión de las relaciones básicas personales plantea un problema serio, ya que existen cosas malas ahí afuera. En el mundo virtual, serafín y serpiente viven lado a lado. No hay reglas, no hay salvaguardias. Cada uno es para sí mismo.

---

[12] Richard Louv, autor de *The Nature Principle,* en entrevista para *ToTheSource* http://tinyurl.com/3wzcqy2

# XII. Ética y salud mental

En otras palabras, hay un lado oscuro para el arte basado en tecnología:

> ... incluso existen criminales online que plagan los mundos imaginarios, desde ciber mafiosos y prostitutas hasta verdaderos hackers y terroristas. Parece que uno no puede escaparse de la avaricia, la corrupción y la debilidad humana incluso dentro de la pantalla de la computadora.[13]

Francamente, el resto de nosotros somos menos virtuosos de lo que imaginamos. El bullying, por ejemplo, continúa siendo común y se ha descontrolado. Incluso más ominoso, el comportamiento online fácilmente puede influenciar al comportamiento offline. "A la larga, uno puede esperar ver la descompostura de las prácticas del mundo real y de las instituciones... si las naciones estado son incapaces de mantener fronteras, regular comercio y hacer valer las leyes, es probable que resulte una convulsión social y económica"[14].

Algunos gurús diseñan arte con el intento gustoso de mentir. Unen enorme habilidad con carácter dudoso. Estos gurús falsos y destructivos operan al nivel del artificio más que del arte.

[13] Guest, (anterior).
[14] Cline, 3, 226-228.

Alarmantemente, de la misma forma, existen cuestiones de salud. Algunos ambientes son seriamente patológicos. Muchos participantes, por ejemplo, creen que si una experiencia es lo suficientemente loca, lo suficientemente sin sentido, deben de estarse divirtiendo. Así que se tornan intrigados y atraídos a cualquier cosa salvaje y fantástica. Cualquier cosa extraña seguramente es signo de aventura. A estas alturas, no obstante, pueden tener un efecto de erosión en la personalidad y pueden resultar en perspectivas absolutamente deformadas.

En algún punto estas realidades enfermas pueden hincharse a proporciones incontrolables y parece no haber escape a los monstruos que ahí yacen. Entonces, Marie Ryan menciona, "ellos entran a tu ser, o más bien tú entras al suyo"[15].

El juego de roles – tan típico del mundo digital – también contribuye a la pérdida de la identidad. "Propone una cuestión que va hacia el corazón de la fantasía, es decir: ¿qué nos dice a nosotros mismos el impulso instintivo de ser alguien más?" [16].

[15] Ryan 77, 80, 85.

[16] [16] Ethan Gilsdorf, Fantasy Freaks and Gaming Geeks: An Epic Quest for Reality Among Role Players, Online Gamers, and Other Dwellers of Imaginary Realms, reseña en la descripción del producto: http://tinyurl.com/3quumxf

Además de los participantes "poseídos" mencionados anteriormente, ¿cuántos navegantes simplemente se consumen, naufragan? La era de la economía de redes, de los husos horarios borrosos, aplica enorme presión sobre el individuo... se hace difícil apagar el día, recuperarse y relajarse cuando el día mismo nunca se apaga". Cuantos están "consumidos por demasiados videos, demasiada pornografía, demasiados juegos online, demasiadas conversaciones... y finalmente, sólo demasiadas... experiencias?"[17].

Increíblemente, amenazas aún más oscuras esperan en el futuro de la realidad virtual.

> Cada nuevo poder alcanzado por el hombre también es un poder sobre él. La esencia humana será la última parte de la naturaleza que se le rinda ... Una vez que hayamos tratado a la sustancia humana como plastilina y nos transformemos en el escultor, no habrá límite para lo que podamos lograr.[18]

Por ejemplo, los futuristas planean utilizar la realidad virtual para realizar ingeniería social[19]. Intentarán aplicar este poder para moldear el comportamiento humano y castigar la mala conducta. Justo como en *Un mundo ideal* de Aldous Huxley.

---

[17] Tom Hayes, *Jump Point: How Network Culture is Revolutionizing Business* (Columbus, OH: McGraw-Hill, 2008) pp. 101, 183.
[18] C.S. Lewis en *The Abolition of Man* (New York: HarperCollins, 2001).
[19] Cline, 228.

## XII. Ética y salud mental

Todos seremos transformados en esclavos alegres a través de la ciencia aplicada. Este tipo de ingeniería social seguramente será "más esclavizante que liberadora, si es controlada por una autoridad estatal hambrienta de poder[20].

Por supuesto, los cineastas aún no han llegado este punto, pero ¿por qué no lo harían?

Algunas otras preocupaciones nacen de las posibilidades emergentes de la tecnología fílmica y su rol en nuestras vidas. Mientras las nuevas tecnologías redefinen peligrosamente lo que significa ser un humano, nuestra ética fundamental también se encuentra bajo ataque. Después de todo, solemos transformarnos en lo que observamos.

> "[el futuro es] como un caballo asustado que comienza a galopar hacia el precipicio, quiere detenerse, pero sabe que no puede hacerlo"[21]

En un mundo sin ética, ¿qué haremos? ¿Cómo nos protegeremos? ¿Qué pasará con nuestra salud mental en estas circunstancias?

Para empezar, solemos afianzar nuestro ser antes de dejar lo físico o el mundo conocido. Eso incluye la disciplina interna, la

[20] Zhai, 123, 124.
[21] Ryan, 77, 80, 85.

voluntad fortalecida, un sistema de creencias informado y la inclusión en una comunidad. Un ser fortalecido, implica una estructura que nos rodea con aquellos que son de confianza, gente que nos ama, aquellos que se sienten responsables de nosotros.

Obviamente, también debemos conocer y entender los poderes de la experiencia virtual.

Entonces, *tú decides* cuándo y cómo entrar a este mundo alternativo. *Tú eliges* la frecuencia de tus experiencias y la duración de estas. *Tú seleccionas* lo que entra en tus oídos y ojos. En resumen, toma la iniciativa de simplemente ejercitar la libertad determinada por tu elección.

Los artistas, por ejemplo, se volverían locos sin límites predeterminados. Un compositor necesita conocer los instrumentos, las voces, la tonalidad, la longitud, el propósito y demás, antes de empezar a componer. Todos los artistas - tarde o temprano - necesitan conocer los parámetros con los que trabajarán.

Finalmente, antes de comenzar tu viaje, es bueno estar descansado y pedirle a un amigo que nos haga responsables de nuestras propias decisiones.

Por supuesto, los participantes ya deben estar viviendo estilos de vida conscientes antes del viaje virtual. Durante la experiencia misma, es importante que los participantes estén en especial atentos, especialmente despiertos. Esta conciencia es como verse a sí mismo mientras se observa. Como la conciencia de la conciencia. Como estar viendo desde afuera hacia adentro. En otras palabras, nos situamos en una perspectiva y reflexionamos sobre algo completamente externo a nosotros. En lugar de sentir sin observar, observamos mientras sentimos.

Mediante el uso de esta constante autoevaluación, podemos mantener la perspectiva, mientras nos recordamos continuamente, el medio en el que nos encontramos.

Nos mantenemos en control. Una saludable dosis de escepticismo vivo y activo dentro de nuestras facultades críticas es una herramienta especialmente importante. Nos convertimos en temerarios conservadores, profetas cautelosos. Después de todo, las respuestas pueden ser voluntarias o involuntarias. Nosotros decidimos.

Sí, la inmersión es parte de la experiencia, pero decidimos estar inmersos sin ser este nuestro hogar, sin perdernos, sin ser consumidos o hundirnos en profundidades. Podemos estar inmersos de forma segura y apreciar el viaje.

Este tipo de inmersión es como la actividad de la actriz que ejecuta un rol de villana mientras sabe que no empatiza con el personaje que interpreta. Simplemente se mantiene observando de afuera hacia adentro.

119

## XII. Ética y salud mental

También recuerda a la historia de Coronado - el primer europeo que exploró las tierras del suroeste de Estados Unidos. Caminó por planicies de altos pastizales donde no percibía árboles o marcas geográficas con las cuales ubicarse. Los hombres de Coronado estaban tan asustados, que marcaban el campo con una estaca a cada tramo, para encontrar el camino de regreso. Esa tierra aún lleva el nombre de Llano estacado.

Así que, en resumen, ¡manténganse despiertos! De otra forma nos transformamos en marionetas.

La RV es "proactiva" - actúa en nosotros - así que nuestra conciencia también debe ser proactiva - incluso más de lo que hemos sugerido hasta este momento. Buscamos signos de una agenda escondida de forma activa. Discernimos diferencias entre lo que ayuda y lo que hiere también de forma activa. La experiencia virtual nunca aparece de la nada. Siempre se presenta junto con descubrimiento o destrucción.

Así que nos convertimos en porteros. No permitimos que cualquier cosa pase por el pórtico de nuestros ojos y oídos, y ciertamente no deberíamos tolerar a los colados. De forma activa observamos y buscamos los signos de advertencia.

Algunos diseñadores virtuales buscan poder y fortuna a expensas del participante. Así que debemos buscar astutos planes y formas de engañar o burlarnos. Por ejemplo, diseñan mundos auto reflexivos que a sus clientes les parezcan más creíbles, quienes voluntariamente pagan para observar esta sala de espejos. Un buen director "manipulará a su audiencia"[22]

Por supuesto, las experiencias negativas y destructivas son fácilmente discernibles. No hay nada de malo en el drama sucedido entre las fuerzas de la "luz" y la "oscuridad". Ese relato ha sido reproducido desde el inicio de las historias. Cuando el drama comienza en una caída libre y termina en caos total, nacen preguntas sobre su utilidad y propósito para el participante individual.

A la par de buscar las trampas de los diseñadores, también debemos encontrar nuestros errores propios. A menudo permanecemos inconscientes y nos insertamos en la sociedad que buscamos evitar. Al manejar mi auto el radio sintoniza lo que considero música "irredimible", permanezco sentado hasta que recuerdo "Un momento. Esto no es un concierto. Tengo elección (click)".

De naturaleza más seria, debemos observar constantemente si existe una pérdida de identidad o de control. Cuando nos olvidamos de nosotros mismos, quiénes somos y dónde estamos, podemos hundirnos en profundidades. Debemos tener especial cuidado con el "juego de roles" - vivir la fantasía de ser alguien más.

---

[22] Francis Sonne, "Readings in Drama" http://tinyurl.com/3rrt2zk

Típicamente no somos capaces de observar si la experiencia virtual apunta a sí misma. Nos gusta decir, "el medio es el mensaje". Pero en la experiencia virtual, esto no es cierto. De hecho, tan a menudo confundimos el medio con el mensaje como confundimos la ostra y la perla. Por ejemplo, consumimos la última novedad, moda, estilo, sabor o decoración y pensamos, "eso fue divertido" (sin mensaje, sólo medio divertido). O admiramos el trabajo de escritores habilidosos con su colorido idioma, retórica florida y uso perspicaz del lenguaje figurado y pensamos "brillante... los críticos lo amaran" (sin mensaje, solamente habilidosa retórica).

Es esencial recordar que el significado de una experiencia virtual profunda se realiza *a través* de la experiencia, no *en* la experiencia. Su significado excede su medio; su propósito sobrepasa su apariencia. Se mueve hacia afuera de sí mismo, apunta más allá de sí mismo, habla aparte de sí mismo. En nuestro discernimiento, debemos evitar confundir el medio y el mensaje. Debemos apartarnos de la experiencia interesante que sólo se enaltece a sí misma.

Cercanamente relacionadas a este discernimiento están las emociones. Algunos sentimientos y sentidos son simplemente emociones a flor de piel - naturales, animalescas, mientras algunas, representan lo que hemos llamado sentido experimentado. Como porteros, separamos lo superficial de lo profundo, lo valioso de lo inútil.

Finalmente, evitamos permanecer durante demasiado tiempo en esta realidad alternativa. La RV debe ser tratada como una inmersión temporal. No es su intención ser una adicción. Después de todo, la mejor protección de la experiencia virtual es el seguro regreso a casa - el retorno al mundo absoluto.

Para permitir este regreso, forzamos la yuxtaposición final: nombramos el evento. Sin importar el título de la obra virtual, le damos nuestro propio título. Hacemos a un lado todo este misterio, vaguedad y duda y valientemente nombramos su identidad. Una vez que lo hacemos, pierde poder sobre nosotros. De hecho, hemos triunfado sobre ello.

Una vez que hemos partido, llegamos a nuestras conclusiones sobre lo que el viaje significó y el contenido del último mensaje. y una vez más, diferenciamos entre qué llevar con nosotros y qué dejar atrás. ¿Resultó útil? ¿Resultó relevante? ¿Aportará nuevas y útiles relaciones?

De regreso casa, reconectamos con nosotros mismos, con los demás y con el mundo natural. Tal vez pasemos algo de tiempo solos, escribamos en el diario o disfrutemos de un hobby. Tal vez llamemos a nuestros amigos, visitemos a los que amamos o nutramos nuestras relaciones con la comunidad. Tal vez, vayamos a caminar, cortemos el césped, juguemos tenis. Es importante que mantengamos las raíces de nuestra vida nutridas con atención.

## XII. Ética y salud mental

El discernimiento - la selección entre lo correcto y lo incorrecto, lo útil y lo inútil - ha permanecido constante durante la historia. La historicidad de la experiencia humana ha sido nuestro faro durante siglos. En toda era, reafirmamos esos valores profundamente enraizados, permanentes y perpetuos, y dentro de esos valores redescubrimos la honestidad, el honor, la integridad, la credibilidad y la certeza.

La antigua cultura hebrea conoció y vivió experiencias virtuales - probablemente más que cualquier otra. Su cultura, por ejemplo, esperaba que sus ciudadanos "examinaran su espíritu"[23]. Esos profetas hebreos quienes vivían en esta frontera, sabían qué tan lejos podían llegar. Su cultura y tradición no permitía a los disidentes[24]. Más tarde, los santos cristianos advirtieron a los creyentes de los peligros de la búsqueda del éxtasis por el éxtasis mismo.

Tal sabiduría es paralela a las sugerencias de este capítulo.

De esta forma, percibimos la necesidad de nuevos exámenes para las nuevas formas de antiguos problemas. Necesitamos volver a enmarcar la misma ética antigua, mientras consideramos que, aunque sea antigua, esta misma ética es

---

[23] Juan 4:1 The New Testament.
[24] Robert R. Wilson, "Prophecy: Biblical Prophecy," *The Encyclopedia of Religion*, 1987 ed., XII, 17, 19.

apropiada para nuestro mundo. Especialmente para la experiencia virtual, necesitamos "ética del diseño".

> Idealmente... hemos de extender los derechos humanos básicos al espacio virtual, promover la libertad, el bienestar y la estabilidad... (es necesario para la experiencia virtual) algún tipo de ambiente mediado tecnológicamente - en el cual la gente sea libre de perseguir sus intereses individuales, sin miedo al daño... a la invasión de la privacidad... que ejemplifique la interrelación humana y la responsabilidad... con un sentido madurado de lo correcto y lo incorrecto[25].

Recientemente han emergido dilemas éticos dentro de las ilusiones de la realidad que incluyen el rol del estado, la violación virtual, la relación entre las dimensiones ética y legal y otras implicaciones".[26] Sin embargo, la realidad virtual es "la primera tecnología intelectual que permite el uso activo del cuerpo en la búsqueda del conocimiento"[27] así que, hacer declaraciones morales, será complicado sino imposible.

---

[25] Cline, 169, 262

[26] Charles Wankel (Editor), Shaun Malleck (Editor), *Emerging Ethical Issues of Life in Virtual Worlds* (PB) (Research in Management Education and Development) (Charlotte, NC: Information Age Publishing, 2009) [descripción de producto] http://tinyurl.com/4yfyq4b

[27] Heim, pp. vii, viii.

¿Quién determinará esta ética y hará valer dichas leyes? ¿O será este un nuevo "Viejo oeste"? Si ese fuera el caso, ¿quién llevará las riendas de todos estos caballos salvajes?

En otras palabras, ¿en quién podemos confiar? ¿Será en los ñoños, los expertos en tecnología? ¿Serán las penetrantes ciber almas que sostienen el mundo por la cola? ¿Serán los magnates del cine quienes han perfeccionado el arte técnico de la ilusión? ¿Será la tecnología misma? Parece que no." La tecnología permanece incapaz de reparar su propia naturaleza defectuosa, mucho menos la nuestra. Después de todo, nuestras naturalezas conspiradoras han esparcido el conflicto, la enfermedad, la disparidad económica y el aislamiento para el cual buscamos remedios tecnológicos"[28].

No obstante, esperemos tener la humildad, coraje y fuerza para responder este llamado histórico.

Este llamado, no es el llamado de una idea. No es una petición de la creación de una filosofía abstracta. Sí, la experiencia virtual "cambiará la forma en que los filósofos contestan las preguntas fundamentales de ética, epistemología y metafísica"[29]. Pero este es un problema *real*; es aquí donde el caucho se

---

[28] Kevin Kelly, *What Technology Wants*, Kelly, K. (2010). *What technology wants*. Penguin.
[29] Cline, 155.

encuentra con la carretera. Después de todo, la filosofía moderna raramente ha resuelto problemas del mundo real.

Tenemos mucho en juego. La experiencia virtual tiene una interfaz y esa interfaz requiere que nos involucremos *aplicada* - inmediata y realmente, ya que "suposiciones fundamentales sobre el conocimiento, la ética y lo que significa ser humano están siendo radicalmente deconstruidas y reconstruidas"[30].

A través de la historia, cada nueva tecnología ha creado más problemas de los que soluciona. El torpedo, el globo aerostático, el gas venenoso, las minas terrestres, los misiles y las armas láser todos prometían traernos la paz[31]. ¿Es la realidad virtual otra promesa falsa? ¿será...

> ... un accidente de realidad virtual la aniquilación o colapso del ciberespacio... diseñado por nuestros falibles compañeros seres humanos?... ¿nuestra propia mala conducta?... ¿un error en el software? Cualquiera puede dirigir una tremenda cantidad de energía para cualquier propósito en un milisegundo.[32]

---

[30] Hipps, Shane, Flickering Pixels: How Technology Shapes Your Faith (Grand Rapids, MI: Zondervan, 2009) reseña de producto. http://tinyurl.com/cm8y45

[31] Kelly (anterior).

[32] Zhai, 155, 156.

## XII. Ética y salud mental

Las cosas que vemos hoy en día son sólo los fantasmas de las tecnologías venideras, la RV de hoy en día es sólo un esbozo de un nuevo medio en su infancia. El futuro parece albergar posibilidades imposibles, pero el peligro es real.

# UN DIÁLOGO DE REALIDAD VIRTUAL

## Con el filme

## *GAMERS*

*Gamers* es situada en un futuro donde existen los video juegos extremos, el control mental y entretenimiento en el que los humanos controlan a otros en comunidades de juego en línea masivas. En otras palabras, los humanos controlan a otros humanos como jugadores... las personas utilizan a otros para jugar partidas a muerte en escala masiva. El juego es llamado "Slayers."

Las personas que son utilizadas como avatares son prisioneros que se encuentran en cadena perpetua, y la estrella, Kable, es uno de estos participantes. De acuerdo con las reglas del juego, si un prisionero sobrevive 30 partidas, gana su libertad. (Kable ha vencido en 27 hasta ahora.)

Kable también intenta derribar a la mente maestra del juego y lanza un ataque al sistema que lo tiene cautivo.

Observe el tráiler del filme:

129

http://www.youtube.com/watch?v=P2g94xQmtHw

## DESPERTAR LA CONCIENCIA

¿Qué es lo primero que captura su atención?

¿Qué objetos notó? ¿colores? ¿formas? ¿movimientos?

¿Le pareció inesperado? ¿poco familiar? ¿Extraño?

Dentro de sus respuestas, ¿qué lo que recordará dentro de varios días?

¿Cuál fue su parte (o porción) favorita? En otras palabras, la que le dio gusto observar.

¿Cuál fue la parte que menos le agradó? En otras palabras, aquella parte de la que podría prescindir.

## CREACIÓN DE YUXTAPOSICIONES

¿Qué palabras o frases destacan del guion?

Si pudiera transformar este evento a una danza, describa brevemente sus movimientos, vestuario, etc.

Si esto fuera una escultura, descríbala.

¿Cuáles son las emociones principales de la historia? ¿cuáles son sus frases poéticas principales?

INTERPRETAR EL VIAJE

¿Qué partes de la historia le parece imposible creer? ¿Qué partes te parecieron imposible de creer?

Proporcione su propio título para el filme.

¿En alguna ocasión ha experimentado ser participante de algo peligroso u arriesgado de lo que no quería ser parte y que alguien más controlaba?

¿Cuál es el mensaje de esta obra a la sociedad?

¿Cuál es el mensaje de esta obra a usted?

# CONCLUSIÓN

# XIII. ATURDIDO MÁS ALLÁ DE LA INCREDULIDAD

El futuro de nuestro mundo intercepta con el futuro de la realidad virtual[1]. ya podemos observar cómo la presencia ubicua de la realidad virtual representa uno de los grandes logros de nuestra era. Al observar hacia adelante, algunas veces recuerdo el título del filme *En un día claro se ve hasta siempre*.

Hoy en día, podemos ver ramificaciones históricas de la realidad virtual de forma inmediata e inesperada. La RV está tomando vida propia y ya se ha transformado en el centro de la actividad social, económica y artística. Está construyendo efectivamente un nuevo orden cultural. Mientras tanto, nuestros conocimientos e incógnitas están cruzando sus caminos de formas nuevas y emocionantes.

Algunos observadores se sienten terriblemente fuera de lugar. Han sido arrastrados al futuro mientras gritan y patalean, no pueden reconciliar el mundo mecánico de la ciencia y el mundo interior del sentimiento - el pensamiento crítico y la revelación

[1] Cline, 272.

cruda - el análisis estudioso y la fantasía seria - la cognición y la pasión - la razón y la reflexión - la gestión y la memoria ...

Resulta poco útil para su malestar que más de 2000 años de preguntas filosóficas permanezcan sin respuesta[2], y con la RV, su malestar solo aumenta. Es un hecho que la gente ya no vive de las doctrinas filosóficas - vive la RV; ya no encuentra renovación en la retórica - la encuentra en la RV.

Una cosa es cierta: la realidad virtual promete "transformar, redimir nuestra conciencia de la realidad"[3]. A pesar de no ser la realidad misma, la realidad virtual podría convertirse en el medio más profundo de esta. Ofrece, por ejemplo, un nuevo laboratorio o lente a través del cual podemos entender más fácilmente la realidad y comprenderla en un nivel más auténtico y profundo.

Por siglos, la civilización ha soportado las mismas eternas preguntas: "¿Qué es real? ¿Quién soy con relación a lo que es real? ¿Qué puedo saber?" En una época donde la realidad virtual está cambiando el mundo como lo conocemos, y mientras cambia nuestra relación con esa misma existencia, podemos esperar conocer, por primera vez, las respuestas a esas preguntas.

[2] Bob Zunjic, "What is Philosophy," curso en línea, http://tinyurl.com/9uvgtt
[3] Ryan, 65.

## XIII. Aturdido más allá de la incredulidad

La realidad virtual puede convertirse en el puente más profundo entre un reino y otro - el medio más insondable entre el mundo del observador y algo que "no está allí" - y el mensajero más inmediato entre la verdadera paradoja. De nuevo,

> ... toda la verdad existencial es paradójica ... (y) el lenguaje de la revelación... (es) la paradoja absoluta[4]

## ¿Un nuevo arte?

Por supuesto, la realidad virtual es el "lenguaje de la revelación". Pero también es "Santo grial de la búsqueda artística"[5]. En otras palabras, es la única esperanza para las artes. El arte libera el poder creativo de la RV para que, al final de todo, el proceso creativo tome uno de los roles principales.[6]

La realidad virtual provee "posibilidades ilimitadas para las interfases creativas"[7]. Crea nuevos mundos, transforma la realidad que proclama, incluso mientras la proclama. Se convierte en el mundo que anuncia mientras lo anuncia. Hoy en día no podemos decir que simplemente sucede en la

---

[4] Søren Kierkegaard, citado en Dupré, p. 58.
[5] Michael Heim, citado en Ryan, 65.
[6] Ryan, 35-37.
[7] Zhai, 156.

historia, es la historia. No se limita a predecir el futuro, engendra el futuro.

La realidad virtual podría ser la respuesta profética a la historia. Aunque a menudo lo olvidemos, nuestra herencia nos informa que el dios de la civilización occidental es el gran creador, no el gran imitador ni el gran espectador. De acuerdo con los antiguos hebreos Dios siempre crea algo nuevo. Esto significa que el verdadero universo es el que se está creando en el momento. No es tanto algo creado, sino algo que se está creando.

Dentro de la misma herencia, estamos hechos a la imagen de Dios. En otras palabras, nuestra intención es ser creadores - creadores colaborativos del futuro.

"La RV libera el poder creativo del usuario"[8]. "Nos permite ser creativos de una forma sin precedentes"[9]. Somos co-creadores con la RV, colaboradores inspirados. Nosotros también convocamos mundos, creamos el futuro y vivimos en el reino del "aún no". Realizamos este proceso a través de la yuxtaposición – el lenguaje de la creatividad. La yuxtaposición provee el ciclo de realimentación inspirado y sin fin, entre nosotros y el "no nosotros".

[8] Ryan, 65.
[9] Zhai, 158.

# XIII. Aturdido más allá de la incredulidad

Cuán significativa sea nuestra vida dependerá de ... [si] la creatividad y el propósito son la fuente del significado[10]

La creatividad inspirada podría mostrarse como nuestra única esperanza, nuestra única ventaja en un mundo futurista manejado por la inteligencia computarizada. Hay algo que las máquinas no pueden hacer. No pueden inspirarse.

Desafortunadamente, la noción de la creatividad inspirada es casi una idea perdida en la modernidad. A menudo aceptamos que sólo las personas inspiradas pueden crear. Aceptamos que los eventos creativos suceden sólo en ciertos momentos y espacios. La RV, sin embargo, puede ser un afortunado evento histórico que rompa con estos conceptos erróneos. Después de todo, la RV nos abre al futuro.

Los avances de hoy en día representan sólo porciones pequeñas de algo que ha permanecido principalmente escondido. Sin duda, el futuro podría desorientarnos seriamente - incluso asustarnos. El largo rango de implicaciones de la tecnología siempre cambiante, siempre acelerado, seguramente alterará el curso de nuestras vidas. Ray Kurzweil escribe:

---

[10] Zhai, 127, 128.

## XIII. Aturdido más allá de la incredulidad

Para el final de esta década, contaremos con la inmersión total en ambientes audiovisuales habitados por humanos virtuales, que parecieran reales. Para la década del 2030, la realidad virtual será completamente verdadera e irresistible, y pasaremos la mayoría del tiempo en estos entornos. Para la década del 2040, incluso la gente de origen biológico posiblemente realice la mayor parte de su proceso pensante en sustratos no biológicos. Todos nos convertiremos en humanos virtuales.[11]

Un nuevo mundo físico también es posible. "con el suficiente poder computacional, podemos construir todas las leyes conocidas de la naturaleza y/o aquellas creadas por nosotros, dentro del software... (no es) imposible en principio... (los programas podrían crear) un sentido de fiscalidad, a pesar de que ellos sigan un nuevo juego de reglas"[12]. En otras palabras, la RV podría convertirse en un hábitat completo para la mente y el cuerpo.

En efecto,

Un grupo de ingenieros japoneses osaron imaginar una computadora tan poderosa que pudiera mantener un seguimiento de todo el mundo inmediatamente - las húmedas junglas en Bolivia, las fábricas en México

[11] Ray Kurzweil, citado en Cline, 190.
[12] Zhai, 67- 69

eructando humo, el chorro de corriente del jet, la costa del golfo, todo... Al encenderla, los ingenieros realizaron una actividad jamás hecha antes: crearon la tierra[13].

¿Será que la RV "nos permitirá participar en el proceso de máxima recreación de toda nuestra civilización?"[14] Para el final del siglo, ¿podría ser que este nuevo ambiente, este nuevo mundo, se mostrara más real que la realidad misma?

¿Y qué hay de nosotros? La experiencia virtual podría tener consecuencias psicológicas. La percepción podría cambiar drásticamente, y con ella, incluso el sentido de la vida y la muerte.[15] ¿Qué significaría descargar toda tu personalidad para que tus tataranietos pudieran tener una conversación "contigo" un siglo después de tu muerte? "¿Qué significaría encontrar la vida eterna en el universo digital?"[16].

¡Tenemos mucho que aprender! Debemos participar hábil y creativamente en este nuevo ambiente. Debemos unir nuestra conciencia sensorial con el entendimiento. Debemos examinar, discernir y fundamentar nuestra evidencia. Debemos asumir

---

[13] Lev Grossman, "Earth Simulator" *Time* http://tinyurl.com/3nofnzk
[14] Zhai, xvii
[15] Nicole Stenger, citado en Zhai, 53.
[16] Jim Blascovich, Jeremy Bailenson, *Infinite Reality: Avatars, Eternal Life, New Worlds, and the Dawn of the Virtual Revolution* (New York: HarperCollins Publishers, 2010) Product review: http://tinyurl.com/3h7rnhx

nuestro rol profético al guiar a la RV hacia un futuro positivo y creativo.

Estos imperativos significan más que simplemente adaptarnos al cambio, girar con los golpes u obtener alguna capacitación. La RV se mueve demasiado rápido y de forma poderosa. Debemos llegar a la meta antes que la historia.

¿Podemos imaginar un mundo hecho realidad virtual? ¡Debemos hacerlo!

De cualquier forma, estaremos aturdidos hasta la incredulidad.

# UN DIÁLOGO DE REALIDAD VIRTUAL

## Con

## La tienda departamental Macy's

El sábado 30 de octubre del 2010, el coro de la compañía de ópera de Philadelphia y más de 650 corsitas locales se encontraron en la tienda departamental Macy's central. Los cantantes infiltraron el lugar como clientes y repentinamente comenzaron a interpretar el coro Hallelujah de El Mesías de Haendel. Como acompañamiento tuvieron al órgano más grande del mundo. Comprensiblemente, los demás clientes se vieron sorprendidos, pero finalmente regocijaron en la alegría de la ocasión.

Este evento representa yuxtaposición en un ambiente real y sin pantallas — la convergencia de lo "conocido" y lo "desconocido", la tensión entre "lo esperado" y lo "inesperado."

Aquí un enlace:

http://tinyurl.com/288zm7k

No habrá preguntas para la bitácora. Ensamble su propio viaje. Es hora de que vuele por sí mismo.

141

# BIBLIOGRAFÍA

# BIBLIOGRAFÍA

**No toda la bibliografía siguiente menciona específicamente a la realidad virtual. Sin embargo, toda explora los temas subyacentes de la RV.**

Adrian Higgins, "We can't see the forest for the T-Mobiles" *Washington Post*, Tuesday, Diciembre 15, 2009; C01.

Aleksandr Solzhenitsyn, "Beauty Will Save the World" (lectura) *NobelPrize.Org* http://tinyurl.com/3g7oro

Amy Lowell, *Poetry and Poets: Essays* (Cheshire, CT: Biblo-Moser, 1971).

Aristoteles, *The Poetics*, http://tinyurl.com/3wfxf7m

Astrid Ensslin (Editor), Eben Muse (Editor) *Creating Second Lives: Community, Identity and Spatiality as Constructions of the Virtual* (Routledge Studies in New Media and Cyberculture), 2011.

Benjamin Wiker, "The St. Augustine Challenge" *ToTheSource* Enero http://tinyurl.com/3jrwa2y

C. S. Lewis, Clyde Kilby, *A Mind Awake: An Anthology of C. S. Lewis* (Boston: Mariner Books, 2003).

C.S. Lewis, *The Abolition of Man* (New York: HarperCollins, 2001).

*Cambridge Collections Online,* "Shakespeare Survey: Interpretation" Volumen 4 http://tinyurl.com/4xfrhcj

Carl Hausman, *Metaphor and art: Interactionism and Reference in the Verbal and Nonverbal Arts* (New York: Cambridge University Press, 1989).

Charles Wankel (Editor), Shaun Malleck (Editor), *Emerging Ethical Issues of Life in Virtual Worlds* (PB) (Research in Management Education and Development) (Charlotte, NC: Information Age Publishing, 2009).

Chip Heath and Dan Heath, *Made to Stick: Why Some Ideas Survive and Others Die* (New York: Random House, 2007).

David Brooks, *The Social Animal: The Hidden Sources of Love, Character, and Achievement* (New York: Random House, 2011).
Derrick de Kerckhove, *The Skin of Culture* (Toronto: Somerville House Publishing, 1995).

Edward Castronova, *Exodus to the Virtual World: How Online Fun Is Changing Reality* (New York: Palgrave Macmillan 2008).

Elyse Sommer & Dorrie Weiss, *Metaphors Dictionary, First Edition* (Tampa, FL: International Thomson Publishing Company, 1995).

Ethan Gilsdorf, *Fantasy Freaks and Gaming Geeks: An Epic Quest for Reality Among Role Players, Online Gamers, and Other Dwellers of Imaginary Realms* (Guilford, CT: Lyons Press, 2010).

*Francis Sonne, "Readings in Drama"* http://tinyurl.com/3rrt2zk

Fritjof Capra, *The Hidden Connections: Integrating the Biological, Cognitive, and Social Dimensions of Life into a Science of Sustainability* (New York: Doubleday, 2002).

George Lakoff and Mark Johnson, *Philosophy in the Flesh: The Embodied Mind and Its Challenge to Western Thought* (New York, NY: Basic Books, 1999).

Hans Urs von Balthasar, *The Glory of the Lord: A Theological Aesthetics* (New York: Ignatius Press, 1991).

James A. Herrick, *Scientific Mythologies: How Science and Science Fiction Forge New Religious Beliefs* (Downers Grove, IL: InterVarsity Press: 2008).

John McCrone, "Quantum states of mind," *New Scientist*, Agosto 20, 1994.

John Panteleimon Manoussakis, *After God: Richard Kearney and the Religious Turn in Continental Philosophy, tercera edición* (Bronx, NY: Fordham University Press, 2006).

John Vince, *Introduction to Virtual Reality* (New York: Springer, 2004).

Jonah Lehrer, *How We Decide*, (Orlando, FL: Houghton Mifflin Harcourt, 2009).

Kevin Kelly, *What Technology Wants* (New York: Viking Adult, 2010).

Kimberly A. McCarthy, "Indeterminacy and Consciousness in the Creative Process: What Quantum Physics Has to Offer,"

*Creativity Research Journal* Volumen 6 (3) 201-219 (1993).

Leonard Sweet, *SoulTsunami: Sink or Swim in the New Millennium Culture* (Grand Rapids, MI: Zondervan, 1999).

Lewis Edwin Hahn, Editor, *The Philosophy of Paul Ricoeur* (Chicago: Open Court, 1995).

Louis Dupré, *Symbols of the Sacred* (Grand Rapids: Eerdmans, 2000).

Marie-Laure Ryan, *Narrative as Virtual Reality: Immersion and Interactivity in Literature and Electronic Media* (Baltimore, MD: The Johns Hopkins University Press, 2003).

Matt Richtel, "Attached to Technology and Paying a Price" *New York Times,* Junio 6, 2010.

Michael Heim, *Virtual Realism* (New York: Oxford University Press, 1998).

Michael Lockwood, *Mind, Brain and the Quantum* (Boston: Blackwell Publishing, 1991).

Mike Gutierrez, "Video games are art (at least according to federal government)" *WarpZoned* http://www.warpzoned.com/?p=7353

Mychilo S. Cline, *Power, Madness, and Immortality: The Future of Virtual Reality* (S. l.: University Village Press, 2005).

Nancy Forest-Flier, "Beauty  Will Save the World," http://bit.ly/ceJph9

Neil Greenberg, *Art And Organism: A Biological Perspective on*

*Art and Aesthetics* http://tinyurl.com/dxmy4

Oliver Grau, *Virtual Art: From Illusion to Immersion* (Cambridge, MA: Leonardo Books, 2004).

Patrick Sherry, *Spirit and Beauty: An Introduction to Theological Aesthetics* (Oxford: Clarendon Press, 1992).

Peter Otto, *Multiplying Worlds: Romanticism, Modernity, and the Emergence of Virtual Reality* (New York: Oxford University Press, 2011).

Phil Cooke, citado en *Book Notes* de David Mays, http://tinyurl.com/3tvqtau

Philip Zhai, *Get Real: A Philosophical Adventure in Virtual Reality* (Lanham, MD: Rowman & Littlefield Publishers, 1998).

Randall Packer and Ken Jordan, *Multimedia: From Wagner to Virtual Reality*, Expanded Edition (New York: W. W. Norton & Company, 2002).

Raoul Morley, *From Word to Silence, Vol. 1, The Rise and Fall of Logos* (Bonn: Hanstein, 1986).

Ray Kurzweil, "Accelerated Living," *PC Magazine*, Vol. 20, No. 15, Septiembre 4, 2001, pp. 151-153.

Ray Kurzweil, *The Age of Spiritual Machines: When Computers Exceed Human Intelligence* (NewYork: Viking, 1999).

Richard Louv, *The Nature Principle* (New York: Algonquin Books, 2011).

Robert Lamb, "Are Video Games Art?" *DiscoveryNews* http://tinyurl.com/2v3u56o

Roger Penrose: "Shadows of the Mind: A Search for the Missing Science of Consciousness," citado en the *New York Times*, Monday, Octubre 31, 1994, por Christopher Lehmann-Haupt [Section C, Page 20, Column 3].

Shane Hipps, *Flickering Pixels: How Technology Shapes Your Faith* (Ann Arbor, MI: Zondervan, 2009).

Steven Johnson, *Interface Culture: How New Technology Transforms the Way We Create and Communicate* (New York: Basic Books, 1997).

Thomas Bestul, *Chaucer's Parson's Tale and the Late-Medieval Tradition of Religious Meditation,* http://www.jstor.org/pss/2854185

Thomas Hohstadt and Dan Keast, "The Age of Virtual Reality" *American Communication Journal.*

Thomas Hohstadt, "The Geeks of the Gospel: Sorcerer's Apprentice or Empowered Prophet?" *Voices of the Virtual World* (Wikiklesia Press, 2007).

Tim Guest, *Second Lives: A Journey Through Virtual Worlds* (New York: Random House, 2008) Descripción de producto: http://tinyurl.com/6m559v

Tom Hayes, *Jump Point: How Network Culture is Revolutionizing Business* (Columbus, OH: McGraw-Hill, 2008).

*Vorticism*, http://tinyurl.com/3qounlv

Will Wright, "Dream Machines" *Wired Magazine,* Issue 14.04, Abril 2006.

William Irwin Thompson, *The Time Falling Bodies Take To Light: Mythology, Sexuality and the Origins of Culture* (New York: St. Martin's Griffin, 1996)

# SOBRE EL AUTOR

El Dr. Thomas Hohstadt es director orquestal y futurista. Pionero en el campo de la realidad virtual, ha logrado cambiar el foco de atención dentro de la RV de ser una tecnología a un lenguaje y medio artístico. Fue el primer profesor en agregar realidad virtual al catálogo de cursos dentro de la University of Texas of the Permian Basin. Recibió el "Award of merit" de la *Society for New Communications Research* por la coautoría de *Voices of the Virtual World*.

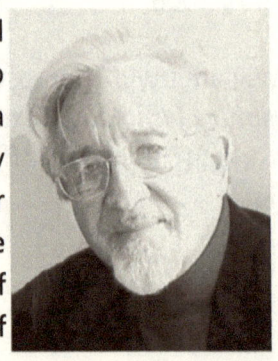

Como futurista, ha sido nominado como uno de los autores dentro de la lista "50 books for Thinking about the Future Human Condition" publicada por la Rand Corporation.

Hohstadt es autor de siete libros y más de ochenta artículos, muchos de los cuales se refieren al futuro de las artes. Recientemente, fue coautor de "The Age of Virtual Reality" para *The American Communication Journal.*

Académico Fullbright, ha obtenido cuatro títulos avanzados de la Eastman School of Music y la Vienna *Akademie für Musik.* Veinte años de carrera como director incluyen labores en la Eastman School of Music; orquestas profesionales en Honolulu, Amarillo y Midland; junto con invitaciones en ocho naciones distintas.

Hohstadt ha sido reconocido por sus logros dentro de las humanidades. Participó en la fundación del Texas Commitee for the Humanities, dirigió sus seminarios, consultó y revisó las propuestas de gestión de la National Endowment for the Humanities.

Actualmente se desempeña como académico en la UTPB.

## NOTA DEL TRADUCTOR

El esfuerzo dedicado a esta obra va entrañablemente dedicado a mi esposa. Sin su calor, alegría, consejo y deliciosa comida este texto no existiría. Gracias totales.

Rodrigo Villarreal Jiménez

www.ingramcontent.com/pod-product-compliance
Lightning Source LLC
Chambersburg PA
CBHW030742180526
45163CB00003B/888